...IENCE

...DU LATIN

PARIS

LIBRAIRIE CLASSIQUE DE L. HACHETTE

EXPÉRIENCE

SUR

L'ENSEIGNEMENT DU LATIN

EXPÉRIENCE

D'UN PÈRE

SUR

L'Enseignement du Latin

PLAN D'ÉDUCATION

PAR UN PROFESSEUR DE RHÉTORIQUE, ANCIEN ÉLÈVE
DE L'ÉCOLE NORMALE

PARIS

LIBRAIRIE CLASSIQUE DE L. HACHETTE

RUE PIERRE-SARRAZIN, 15

—

1835

Le titre de cet Essai annonce autre chose qu'une simple théorie. Aux idées acquises dans les travaux et les méditations d'un long enseignement, l'auteur a joint celles qu'il s'est faites, en travaillant, pour ainsi dire, sur la nature elle-même. Ses enfans ont été, dès leur naissance, le sujet de ses observations.

Ce qu'il en publie n'était pas destiné à voir le jour si tôt : car son expérience est loin d'être complète. La seule raison qui l'ait déterminé, c'est la présentation prochaine de la loi sur l'instruction secondaire. Il n'apporte, peut-être, à la construction de l'édifice que l'obole du pauvre; mais, en l'offrant, il croit remplir un devoir.

S'il lui arrive de se laisser entraîner à sa pensée, il désavoue d'avance les conséquences exagérées qu'on pourrait en tirer contre le mode actuel. Il y a beaucoup à louer dans ce qui est, ne fût-ce que le zèle et la science qui s'y consacrent. Mais, une justice à rendre au système lui-même, c'est qu'il est bien ordonné: sa durée en est la preuve. Cependant, par l'effet même du temps, la routine n'aurait-elle pas, en quelques endroits, empiété sur la raison? et, d'ailleurs, ne peut-il pas se présenter une idée nouvelle? L'intention ne serait donc pas ici de renverser, mais, en remontant aux principes, de donner aux diverses parties, et surtout à la base, une forme qui convînt mieux à l'ensemble et au but général de l'enseignement. On trouverait dans le corps universitaire l'unité de vues nécessaire à l'accomplissement d'une œuvre qui n'exige pas moins de constance que de lumières. Enfin, tout le monde sent le besoin de faire, au moins, quelques modifications partielles. Considérées sous ce rapport, les observations qu'on va lire pourraient n'être pas sans importance aux yeux même de ceux qui jugeraient le plan général impraticable.

L'auteur éprouvait quelque scrupule à faire entrer des étrangers dans la confidence de ses émotions paternelles. Ce sentiment a plus d'une fois retenu son cœur prêt à s'épancher. Il aurait aussi voulu épargner à ses enfans cette espèce de publicité précoce, qui tournera contre eux, si leur mérite ne la soutient pas. Mais alors, il lui fallait garder pour lui-même les fruits de son expérience; et peut-être aurait-il mieux fait! Au reste, le nom de famille ne paraît nulle part, pas même dans le titre: le lecteur en sentira la raison. Quelque jugement qu'il doive porter, il voudra bien laisser au père toute la responsabilité, et faire grâce à de pauvres enfans qui, sans le savoir, se trouvent livrés au public.

EXPÉRIENCE

D'UN PÈRE

SUR L'ENSEIGNEMENT

DU LATIN.

CHAPITRE I.

Le Père et ses deux Fils.

Les enfans du premier âge ont une aptitude singulière aux langues. Ils peuvent, par l'usage seul, en apprendre plusieurs à la fois, et les parler avec une égale facilité. Frappé de cette idée, je m'étais toujours promis, si jamais je devenais père, de profiter de cette faculté de l'enfance, pour épargner à mes fils les peines et les ennuis des premières études. Je me suis tenu parole.

Mes deux fils, Eugène et Raymond, sont nés à trois ans de distance, aux mois d'avril 1826 et

1829. Dans le compte que je vais rendre, je parlerai plus souvent de l'aîné. La plupart de mes observations, faites d'abord sur lui, avaient pour moi un charme de nouveauté qui m'a laissé plus de souvenirs; et, d'ailleurs, mon expérience sur le cadet n'a fait, le plus souvent, que confirmer les résultats que j'avais obtenus avec son frère, et les conséquences que j'en avais tirées.

J'ai parlé latin à mon fils aîné dès les premiers jours de sa vie. Ce n'est pas que j'en attendisse alors quelque résultat : je le faisais plutôt pour m'accoutumer moi-même à ce latin familier, dont je n'avais guère l'usage. Mais, depuis, en y réfléchissant, je me suis applaudi d'avoir commencé si tôt; et, quoiqu'à la naissance de mon second fils je n'éprouvasse plus le même besoin d'exercice, je lui ai parlé latin, comme à son frère. Les premières impressions doivent avoir de l'influence sur toutes celles qui suivent; et, qui peut dire l'époque précise où l'enfant devient capable de distinguer les sons et d'attacher un sens aux mots? De cette manière, au moins, j'étais sûr de ne pas la manquer.

Au bout de quelques mois, je crus m'apercevoir que mon fils me comprenait; mais peut-être faisais-je alors trop d'honneur à mon latin. Si ma pensée arrivait quelquefois à son esprit, ne devais-je pas plutôt l'attribuer au langage qui domine dans nos relations avec les enfans de cet âge, au langage

— 5 —

d'action, qui parle d'abord seul à leur intelligence
et long-temps avant nos paroles? Le moment arri-
va pourtant où l'action ne devait plus suffire ; et,
comme je ne me suis jamais aperçu que ma femme
eût, auprès de notre enfant, un grand avantage
sur moi, c'en est assez pour assurer que le latin du
père n'était pas beaucoup moins compris que le
français de la mère.

Eugène a parlé assez tard, comme il arrive souvent au fils aîné. La communication de la pensée
doit bien mieux se faire et s'apprendre entre des
esprits de même nature. Le premier né devient,
sous ce rapport, l'instituteur de ceux qui viennent
après ; mais, n'ayant pas eu cet avantage pour lui-
même, ses premiers progrès doivent avoir été
moins précoces et moins rapides. Eugène parlait
moins à deux ans, que son frère à dix-huit mois ;
et, cependant, sans lui croire plus de force d'esprit ou d'intelligence, je lui ai toujours reconnu
une vivacité de perception, qui me paraît moins
sensible chez Raymond.

Quoiqu'il me comprît presque toujours, mon
langage n'était qu'une exception pour son oreille.
J'étais seul de mon côté, et mes occupations m'éloi-
gnaient souvent, tandis que sa mère était toujours
avec lui, sans compter sa grand' mère et ses tantes,
et tous les amis de la maison, qui ne manquent
pas, dans leurs visites, de faire leurs caresses à

l'enfant. J'avais, j'en suis sûr, le désavantage d'un contre dix. Il commença donc à parler français, sans y mêler un seul mot latin. Si je n'avais eu la certitude que toutes les idées que je lui exprimais étaient aussi bien et aussi promptement comprises que celles des autres, j'aurais désespéré du succès. Mais, peu à peu, sans aucun effort, j'obtins quelques mots. Un des moyens que j'employai, ce fut de lui accorder tout ce qu'il me demandait en latin. Quand il voulait quelque chose, sa mère, qui me secondait parfaitement, le renvoyait à moi : l'enfant venait, il parlait, je l'aidais quelquefois Enfin, l'habitude vint, et, pour les idées les plus ordinaires, il n'éprouva bientôt plus d'embarras. Il avait alors à peu près trois ans.

Ce n'était cependant que dans les cas de nécessité qu'il avait recours au latin : le français prévalait toujours, même avec moi ; et cela devait être : son langage usuel avec tout le monde était, pour lui, plus naturel et plus facile. J'aurais pu faire semblant de ne pas le comprendre ; mais qu'en serait-il résulté ? C'est que l'enfant m'aurait parlé moins souvent, et j'aurais eu moins d'occasions de lui parler. Il soutenait avec moi, sans la moindre difficulté, les conversations de son âge : son français répondait exactement à mon latin. Il ne m'en fallait pas davantage.

Je lui racontais quelques petites anecdotes à sa portée : il allait les redire à sa mère en français. Il y prenait tellement goût, que, chaque jour, et plusieurs fois même dans la journée, il me demandait des histoires : *Pater, narra mihi historiam* ; c'était son expression. Presque tous les matins, il venait dans notre lit, et, tout de suite, il fallait conter. Quelle que fût la longueur du récit, la pensée et les parties principales étaient fidèlement rendues à sa mère. Nous ne nous faisions pas faute de ce plaisir.

Vers l'âge de quatre ans et demi, il lui arrivait souvent de m'exprimer sa pensée en latin. Ce n'est cependant qu'à cinq ans et demi qu'il n'a plus eu d'autre langage avec moi. Il restait encore à son français un avantage de facilité qui résultait nécessairement de l'emploi qu'il en avait fait jusqu'alors, et qu'il continuait avec tout le monde, excepté moi ; mais, pour peu qu'il s'animât, ses pensées exprimées en latin étaient aussi nombreuses, aussi promptes et non moins développées. Lui et moi, nous n'avions plus d'autre langue entre nous : c'était pour lui la langue paternelle ; et, parfois même, il était assez plaisant de le voir, au milieu d'une conversation avec d'autres personnes, mêler au français des phrases latines qui ne s'adressaient qu'à moi.

La correction et la régularité de son latin surprenaient ceux qui croient qu'on ne peut apprendre une langue, et surtout celle-là, sans grammaire. Mais il parlait comme il m'avait entendu parler, et suivant le bon sens qui fait la base de toutes les langues Il n'avait pas appris autrement le français. Il se peut aussi que les lectures latines qu'il commença à faire avec moi vers l'âge de cinq ans, et dont nous parlerons plus tard, aient hâté ses progrès et déterminé son habitude de parler latin : car il en dut résulter beaucoup d'expressions nouvelles, qui lui rendirent l'emploi de cette langue plus facile et plus commode. Mais, ce qui m'est ensuite arrivé avec son frère, me porte à croire que l'usage qu'il en prenait avec moi n'aurait pas beaucoup plus tardé à produire le même résultat.

Raymond s'était trouvé, par rapport à moi, dans une position moins favorable qu'Eugène. Quand je n'avais qu'un fils, tous mes soins étaient pour lui ; mais, lorsque j'en eus deux, en supposant même que je fisse un partage égal, le second dut avoir beaucoup moins que son frère au même âge. J'avais, d'ailleurs, je l'avoue, plus de plaisir avec l'aîné : je me sentais porté à causer avec celui qui me comprenait le mieux, et de qui j'attendais d'abord le succès de mon expérience. Enfin, la préférence était si sensible, que ma femme m'en fit plus d'une fois le reproche. Cependant ma conscience me laissait fort tranquille : ce que j'avais fait pour l'aîné était précisément ce qui me dispensait d'en faire autant pour le cadet. Raymond devait trouver, dans mes entretiens avec son frère, un avantage que celui-ci n'avait pas eu. Je ne doutais pas même qu'il ne commençât à parler latin plus tôt qu'Eugène n'avait commencé : c'était ma réponse à ceux qui voyaient presque en lui un enfant délaissé de son père. Je ne me suis pas trompé. Il n'avait que quatre ans et demi, lorsque, de lui-même, il se mit à parler avec moi, comme son frère. Il ne m'adressait plus un seul mot français, si ce n'est, de temps en temps, pour me demander le correspondant latin. On eût dit qu'il ne pouvait pas y avoir d'autre langue de lui à moi, comme de moi à lui. J'étais quelquefois obligé de l'aider : car il lui arrivait de s'engager dans l'expression d'une pensée pour laquelle sa latinité restait insuffisante. Pour peu qu'il hésitât, je lui fournissais le mot qui ne se présentait pas ; mais cet embarras ne dura pas long-temps. Je ne m'effrayais pas non plus de quelques incorrections inévitables à cet âge, et je me gardais bien de l'en tourmenter. Sous ce rapport, Eugène, commençant un an plus tard, avait eu quelqu'avantage sur lui, et j'aurais probablement la même différence à remarquer dans le français qu'ils parlaient, l'un à quatre ans et demi, et l'autre avec un an de plus, si je pouvais aussi bien m'en souvenir.

Il est vrai, qu'avant le changement opéré dans

son langage avec moi, Raymond avait lu un peu de latin. On lui apprenait à lire dans l'*Epitome*, et, à mesure qu'il avançait, je renouvelais avec lui ce que j'avais fait avec son frère. Mais, ce qu'il avait vu de cette manière était si peu de chose, qu'il n'en a dû résulter pour lui qu'une faible avance, et, si j'en parle, c'est seulement pour qu'il ne manque rien à la vérité.

Enfin, le latin est devenu pour mes deux enfans presque aussi familier que le français. Ils s'en servent souvent entre eux, et si j'y avais strictement tenu, je suis sûr que, dans leurs jeux, ils n'auraient plus d'autre langage. Le latin est si bien dans leur nature, qu'ils le parlent avec moi sans intention et par une espèce d'instinct, comme on parle sa langue maternelle. Il arrive à Raymond de rêver haut : quand je suis un des personnages de son rêve, je m'en aperçois au latin qui s'y mêle. Eugène eut une indisposition assez grave, vers l'âge de six ans : au milieu d'un accès de délire que je ne me rappelle pas encore sans émotion, il ne me parlait qu'en latin.

On doit se faire une idée exagérée des soins que j'ai donnés à mes enfans, et des peines que m'ont coûtées leurs premières années. Il faut être père, m'a-t-on dit plusieurs fois, pour tenter pareille chose et persister. Pour le tenter, je le crois ; mais, une fois commencée, l'œuvre m'a paru si simple et si facile et mêlée de tant de douceurs, que je n'en ai pas été rebuté un seul instant. Ma tâche se bornait à me servir du latin au lieu du français, dans ces entretiens de chaque jour qu'un père ne peut manquer d'avoir avec ses enfans. La partie de la journée où je me trouvais le plus long-temps avec eux, et la plus utile à mon projet, était la promenade que nous faisions tous les jours, et souvent même deux fois, suivant le temps et la saison. C'était une occasion de parler d'une infinité de choses, dont l'idée ne se serait pas présentée à la maison : nous y étions tout-à-fait en action et devant les objets. Ajoutez le temps des repas, et les instans où je pouvais être avec eux, sans m'y astreindre au point de les tourmenter de ma présence. Je crois qu'il n'y a pas de père qui ne pût employer ainsi le temps que lui laisseraient, comme à moi, quatre heures d'occupations par jour, et trouver encore bien des momens pour lui-même et ses amis.

Qu'y a-t-il à faire avec des enfans, avant de leur donner l'instruction des livres? Il n'y a qu'à parler et jouer comme avec des enfans. Quelque projet que vous ayez sur eux, vous n'avez pas d'efforts à faire avec un âge qui ne supporterait pas vos efforts. Il ne faut qu'un peu d'adresse, pour les occuper, comme ils peuvent l'être, en se prêtant à leur faiblesse physique et morale, à l'inconstance et à la versatilité de leurs idées et de leurs désirs. Dans les quatre ou cinq premières années, je ne

suis jamais resté avec mes enfans, les yeux fixés sur
un livre ou sur leur travail, occupé du soin de
tenir leur esprit en action sur une suite d'idées
qu'il fallût leur faire distinguer et comprendre.
Voilà l'œuvre pénible, et combien de plaisirs s'y
mêlent encore! Cette œuvre a commencé pour
moi. Il est probable que dix années au moins de
ma vie, si Dieu me prête vie, y sont désormais
consacrées. Mais si mon système me réussit, comme
je l'espère, y a-t-il récompense qui puisse égaler
la jouissance paternelle de mes vieux jours? Mes
enfans me devront bien autre chose que la vie.
Et, quand même, par suite des accidens attachés
à l'humanité, j'aurais travaillé en pure perte pour
eux et pour moi, il en résultera peut-être des observations qui ne seront pas inutiles pour les autres.
Je vais exposer celles que j'ai déjà faites, non pas
toujours dans l'ordre où elles se sont présentées,
mais de la manière qui me semble devoir en former
un ensemble plus facile à suivre et à comprendre.

CHAPITRE II.

Déclinaisons, conjugaisons, syntaxe : étude prématurée de la grammaire.

Quand mon fils aîné commença, vers l'âge de trois ans, à parler quelquefois latin, il avait un penchant assez prononcé à n'employer qu'une désinence dans la plupart des substantifs et des adjectifs. Ce n'était pas toujours le nominatif, comme on pourrait le croire, c'était même plutôt l'accusatif; et, quand je considère le fréquent emploi de ce cas, je ne m'étonne pas que les mots se présentassent à lui sous cette forme. Mais souvent aussi d'autres cas étaient préférés. Il retenait probablement les mots avec la désinence qui, dans le principe, avait la première ou le plus souvent frappé son oreille. Au reste, ce penchant à l'uniformité n'a pas duré long-temps. Il a même été beaucoup moins sensible chez mon second fils: ayant parlé plus tôt la langue de son frère, il s'était trouvé, sous ce rapport, plus rapproché des enfans des latins, pour lesquels cette difficulté ne devait pas exister.

Ce qui peut paraître plus extraordinaire, c'est qu'en général ils se soient tous deux plus facile-

ment formés aux variétés des verbes. Les distinc-
tions de voix, de modes, de temps et de personnes,
sont d'une nécessité plus sensible et de chaque instant: car il n'y a pas de mot qui, pour ces diverses
nuances, remplisse avec le verbe l'office de la préposition avec le substantif; et de là résulte aussi,
dans les verbes de notre langue, une variété, qui,
malgré la différence des systèmes, devait naturellement disposer mes enfans à la variété analogue de
la langue latine. Ils se sont donc trouvés savoir les
formes principales des verbes, comme celles des
noms, sans en avoir fait aucune étude. Il y avait
bien quelquefois confusion d'une conjugaison avec
une autre. Par exemple, le futur de la première ou
de la seconde était souvent prêté à la troisième et à
la quatrième; mais, quand on considère combien ce
futur en *bo* se distingue mieux à l'oreille, il paraît
peu surprenant que l'esprit soit porté à le préférer,
jusqu'à ce que l'usage ait pris le dessus.

On m'a quelquefois demandé le moyen que j'a-
vais employé pour apprendre à mes enfans les
déclinaisons et les conjugaisons. Je répondais que
je ne leur avais appris ni déclinaisons ni conjugaisons. Mais, comment pouvaient-ils se reconnaître
au milieu de toutes ces désinences d'un même mot,
dont chacune présente une idée ou une nuance
d'idée distincte? C'est au moyen de cette faculté
particulière à l'enfance, et par laquelle la langue

maternelle semble n'offrir à cet âge aucune des difficultés qui nous effrayeraient, si nous avions à l'apprendre aujourd'hui. Nos verbes, quoique la terminaison n'en soit pas constamment variée à la manière des langues anciennes, ne présentent pas moins, sous ce rapport et par les auxiliaires, des différences presque aussi nombreuses et non moins compliquées. Quant aux substantifs et aux adjectifs, la plupart n'ont, il est vrai, qu'une forme presque invariable ; mais il existe entre eux une variété extraordinaire de composition et de désinence. Nous inquiétons-nous de la manière dont l'esprit de nos enfans pourra s'y former ? Trouvons-nous qu'ils s'embarrassent et se trompent long-temps dans l'emploi de tant de sons si divers ? Et encore, cette variété n'est-elle assujétie en français à aucune règle, tandis que, dans les langues anciennes, il règne entre les terminaisons une analogie telle, que, quelques mots une fois connus, les désinences des autres se présentent nécessairement avec le sens qui se rattache à chacune d'elles.

Mes enfans ont donc appris, par l'usage seul, les diverses formes des mots latins. Avant l'âge de cinq ans, ils employaient exactement toutes ces désinences et ces combinaisons, qui, dans les études actuelles, coûtent tant de peines et d'années à la plupart des commençans. Et, quand, à force de temps et de triture, les élèves savent en faire un emploi régulier, ils sont bien loin de la facilité de mes enfans, à qui elles semblent se présenter d'elles-mêmes.

On ne fait pas assez d'attention, dans l'enseignement, aux impressions premières de l'enfance et à leur influence sur l'avenir de l'esprit. La langue maternelle devient une forme d'expression, un moule de pensée indestructible. Elle se prête avec beaucoup de peine à l'admission d'une autre forme; et, quand on croit y être parvenu, c'est elle qui domine encore. Dans l'existence simultanée de la langue d'enfance et d'une langue apprise plus tard, il est impossible que l'avantage ne reste pas à la première. C'est la langue naturelle, celle qu'on sait toujours le mieux, lors même qu'on croit bien savoir l'autre, et celle-ci se trouve, à notre insu, soumise à une puissance qu'elle ne peut jamais entièrement secouer. Cette vérité est plus sensible encore lorsqu'il s'agit de joindre dans le même esprit deux langues entre lesquelles il existe une différence de système aussi complète qu'entre le latin et le français. Qu'arrive-t-il le plus souvent? C'est qu'après avoir long-temps et toujours peut-être senti et pensé en latin, suivant la forme française, on n'a du latin que l'apparence, et non la réalité. Tourmenté, pendant de longues années, pour se plier à des formes qu'il n'aura ni conçues ni admises, n'est-il pas à craindre que l'esprit ne sorte tout disloqué de cette espèce de torture?

L'avantage que j'avais avec mes enfans, c'était de leur parler latin avant que le français n'eût acquis chez eux son droit de possession presque exclusif. Je n'avais pas de violence à faire à leur nature, et la preuve, c'est cette facilité avec laquelle j'ai surmonté leur penchant primitif à n'employer qu'une désinence. Mais aussi, je n'en conçois que mieux les difficultés qu'on éprouve à vaincre ce même penchant chez des enfans plus âgés. Ceux-ci, par l'usage unique de la langue du pays, ont pris une telle habitude d'une seule terminaison dans les noms, ou d'une forme particulière de verbes, qu'il doit être assez difficile et fort long de plier leur esprit aux déclinaisons et aux conjugaisons latines. Ils peuvent, j'en conviens, les apprendre en quelques semaines dans leur grammaire; mais en sont-ils beaucoup plus avancés? Ce n'est pour eux qu'une variété régulière de sons, qui frappe l'oreille sans aller jusqu'à l'esprit.

Je ne propose pas d'employer, dans l'enseignement du latin, le moyen qui m'a réussi avec mes enfans. L'âge des commençans ordinaires s'y prêterait déjà beaucoup moins, et peu de maîtres y seraient disposés. Mais voyons si, du succès que j'ai obtenu, nous ne pourrions pas tirer des conséquences qui nous conduiraient à une méthode plus sûre que la méthode actuelle, et plus conforme à celle de la nature.

Aux yeux de l'enfant et de beaucoup d'autres qui n'attachent aucune signification aux termes grammaticaux, *nominatif*, *génitif*, etc., le sens des divers cas ne paraît que dans le français joint au latin, et de là résultent des erreurs capitales. L'*accusatif* n'existe pas dans le latin de l'élève, comme essentiellement distinct du *nominatif*, par le rapport qu'il exprime. Il en est de même pour les nuances aussi importantes qui distinguent le *génitif* de l'*ablatif*. Le *datif* est aussi rendu d'une manière incomplète et souvent fausse par la préposition *à*. On pourrait, il est vrai, ne pas joindre le français au latin ; mais alors ces différentes désinences n'offriraient aucune différence de sens réelle.

Comment et pourquoi mes enfans se sont-ils faits d'eux-mêmes à ces diverses formes, et sans presque se tromper dans l'emploi qu'ils en font ? C'est que, dès le principe, elles ne se sont jamais présentées qu'avec le sens même qui s'y rattache. S'il y avait action directe, la nécessité s'ensuivait pour eux de la faire, en quelque sorte, ressentir et subir au mot exprimant la chose sur laquelle elle retombait. L'idée de la propriété, et d'autres qui s'y rapportent, n'allaient pas, dans leur esprit, sans la désinence, qui joint cette nuance essentielle à l'idée principale du mot. L'*accusatif* et le *génitif*, qu'ils ne connaissaient pas par leurs noms, etaient ainsi dans leur nature. Il en est de même des autres cas. Après les prépositions, il leur fallait nécessairement le cas régi par chacune d'elles. Quant aux désinences affectées aux nombres et aux genres, ces nuances si importantes de la pensée, il était impossible qu'ils n'en prissent pas l'habitude, comme on prend celle de satisfaire un besoin de chaque instant.

Un exemple rendra ma pensée plus sensible. Quand, dès l'âge de trois ans, mon fils me disait : *Da mihi panem*; comment avait-il appris alors à dire *panem*, plutôt que *pane* ou *panis* qu'il connaissait également, et qu'il savait aussi employer à propos? Je ne lui avais parlé ni d'accusatif, ni de rapport d'action; pourquoi donc ne se trompait-il pas dans l'emploi de cette désinence? C'est que, dans la langue que nous parlions, elle s'était toujours trouvée jointe au même rapport : cette nuance réelle et distincte de la pensée ne pouvait plus se présenter avec ce mot ou tout autre de même forme, sans que cette désinence ne s'offrît d'elle-même pour l'exprimer. Elle s'était ainsi adaptée, chez lui, à un rapport qui n'allait plus sans elle; et c'est tellement vrai, que si j'avais dit *panis* au lieu de *panem*, son esprit en eût été choqué, et peut-être ne m'aurait-il pas compris.

Voici les conséquences que j'en tire :

1° Je n'ai fait aucun usage, avec mes enfans, des termes de grammaire. Je voudrais aussi que dans le principe on les mît de côté avec les commençans : car, le plus souvent, ils n'offrent d'abord à l'élève que l'idée de désinence, sans y rattacher l'idée réelle. C'est par celle-ci qu'il faudrait commencer : quand l'élève en serait pénétré, on pourrait lui faire connaître le terme grammatical, tandis que, si l'on commence par celui-ci, il est à craindre que l'esprit ne s'en contente et ne pénètre pas plus avant.

2° Par la pratique et par l'emploi répété des propositions, où ces désinences exprimaient constamment les mêmes rapports, l'esprit de mes enfans s'en était tellement pénétré, que chacun de ces rapports et la désinence qui lui est affectée dans chaque mot, ne pouvaient plus, pour eux, aller séparément. A l'usage qui m'a donné ce résultat, ne pourrait-on pas substituer une méthode qui produisît des effets analogues? Il n'est pas impossible de former et d'écrire une suite de propositions latines ayant un sens clair et suivi, où toutes les désinences se trouveraient assez souvent répétées, pour ne se présenter ensuite à l'élève qu'avec le rapport attaché à chacune d'elles, et de manière qu'ayant lui-même à exprimer en latin le même rapport, les mots ne s'offrissent à lui qu'avec la désinence convenable. Peut-être même ne serait-il pas nécessaire d'y mettre tant d'art et de méthode. La pratique constante d'un certain nombre de mots latins, un exercice bien dirigé sur les vingt ou trente premières pages de l'*Epitome*, donnerait aux enfans un usage des cas, fondé sur leur sens véritable et sur les nuances distinctes qu'ils expriment.

On emploierait le même moyen pour familiariser les commençans avec toutes les variétés des verbes. Le présent, le passé et le futur sont les seuls temps dont l'emploi séparé et l'expression grammaticale soient clairs pour des enfans : il leur est presque impossible de comprendre les autres par leur nom et hors de la phrase. Aussi, quoique je voie moins d'inconvénient à faire conjuguer ces trois temps, et même l'indicatif entier et l'impératif, qu'à faire décliner les noms, la méthode de pratique que je propose me semble encore préférable ; mais elle est tout-à-fait indispensable avec le subjonctif et l'infinitif.

Le premier emploi de ces deux modes exige une attention particulière et des précautions importantes. C'est là que viennent échouer un grand nombre d'enfans, pendant les quatre ou cinq années qu'on les tient sur la grammaire ; et la raison, c'est qu'ils n'apprennent que la forme grammaticale. Le subjonctif et l'infinitif ne peuvent offrir le sens qu'ils ajoutent au verbe, qu'au moyen des propositions dont ils dépendent, ou dans lesquelles ils se trouvent. Il faut donc ne les présenter que dans des phrases complètes, si l'on veut qu'ils soient compris. Par la pensée même et par l'usage, ils finiront par s'identifier avec l'esprit de l'élève. C'est la marche de la nature, et chacun peut s'en convaincre, en voyant la facilité avec laquelle les enfans du premier âge parviennent, dans une langue quelconque, à employer, régulièrement et sans hésitation, des formes si long-temps difficiles et presque toujours obscures pour ceux qui ne les apprennent que par la grammaire.

L'avantage du moyen que je propose ne sera pas seulement de graver dans l'esprit les différentes modifications des mots ; mais les élèves sauront, en même temps, l'usage qu'on en fait dans le discours. Ainsi, je m'aperçus, dès le principe, que des règles, sur lesquelles les commençans se trompent long-temps, étaient toutes naturelles chez mes enfans : l'accord du substantif et de l'adjectif ; le cas régi par le verbe ou par la préposition ; le subjonctif après *ut* ; les temps analogues à ceux du conditionnel après *si*, et souvent même le futur, quand la proposition relative présente un futur ; *ne* après les verbes qui l'exigent ; les questions de lieu ; et, ce qui peut paraître plus extraordinaire, l'emploi constant de l'infinitif, à ses divers temps et avec les cas convenables, toutes les fois qu'il y aurait eu à faire l'application de la règle du prétendu *que retranché,* qui donne tant de peine aux enfans : les miens n'en ont jamais éprouvé pour tout cela.

D'où vient donc la peine que les enfans plus âgés éprouvent à se former à toutes ces règles ? Ce n'est pas seulement à la priorité de la langue maternelle que je l'impute, mais plus encore à la méthode généralement suivie.

Rien de plus facile que d'apprendre, par cette méthode, les déclinaisons et les conjugaisons; il ne faut pour cela que la mémoire, et surtout celle des sons, faculté si remarquable dans l'enfance. Mais ensuite, la syntaxe exige trois ou quatre années d'exercices pénibles : car alors la mémoire ne suffit plus; le raisonnement doit s'y joindre, et, malheureusement, la méthode ordinaire ne laisse presque pas d'action à cette faculté de l'élève.

En effet, un enfant sait qu'après *ut* il faut mettre le *subjonctif*, après le verbe *actif* l'*accusatif*, et autres règles du même genre ; mais que signifient pour lui tous ces mots : *subjonctif*, *accusatif*, *infinitif*, et tant d'autres? Ce ne sont que des mots, ou, tout au plus, une indication de formes, dont la plupart ne frappent que ses yeux ou son oreille. Leur nature et la raison de l'emploi qu'il en doit faire, lui sont-elles mieux connues, quand il en a ainsi appris les noms? Ne lui arrivera-t-il pas ici comme ailleurs de n'y voir que les noms eux-mêmes, sans songer à pénétrer au fond des choses? Ses réponses ordinaires aux questions qu'on lui fait sur les locutions les plus naturelles, rendent encore cet inconvénient plus sensible. Pourquoi telle et telle manière de parler? En vertu de la règle de *Liber Petri*, d'*Amo Deum*, de *Credo Deum esse sanctum*, etc. L'enfant ne voit que les exemples qui lui servent de base, et son raisonnement ne va pas plus avant : la forme lui cache le fond.

Une langue est le chef-d'œuvre d'esprit et de raisonnement du peuple qui la parle. Il n'y en a pas une seule règle dont on ne puisse donner une démonstration aussi satisfaisante que d'une proposition mathématique: on peut même rendre raison de la plupart des exceptions et de certaines bizarreries apparentes. Mais ce n'est pas trop de la profondeur et de la sagacité du philosophe, pour découvrir et démontrer ces merveilles. Attendez donc, pour en occuper l'esprit, qu'il ait acquis plus de force et l'habitude d'une réflexion plus étendue et plus profonde. On se garderait bien d'enseigner la géométrie et l'algèbre à des enfans de dix ans. L'étude ordinaire de la grammaire n'est pas beaucoup moins au-dessus de cet âge. Il est vrai qu'on se borne aux propositions et souvent aux mots sans développement. C'est comme si l'enseignement des mathématiques ou de la philosophie se bornait à l'énonciation des théorèmes et des propositions, ou des mots de la science.

A la vue d'un enfant engagé et voguant, de lui-même, parmi les écueils et les profondeurs du raisonnement, on pourrait avoir la pensée de le faire commencer par la logique, et certes rien de plus juste en théorie; mais la pratique serait absurde, et tout-à-fait contraire au but où l'enfant est conduit par la nature. J'en dirais presque autant de la grammaire. De même que l'étude préliminaire des règles du raisonnement n'irait pas à cet esprit si faible encore, et qui pourtant raisonne exactement, sans les avoir apprises; de même les règles du langage, enseignées comme elles le sont ordinairement, sont sans cesse en opposition avec les moyens dont la nature a pourvu cet âge, et qui se manifestent alors avec tant d'évidence. Par ce raisonnement apparent, auquel on l'astreint sur la grammaire, l'élève cesse de faire usage du raisonnement naturel, au moyen duquel il avait appris, en si peu de temps, tout ce qu'il y a de plus difficile dans sa langue maternelle. Bien plus, exercé pendant si long-temps sur des mots qu'il ne comprend pas, et qu'il lui suffit de savoir employer dans des circonstances données, n'est-il pas à craindre qu'il ne prenne l'habitude de ce langage où la pensée n'est comptée pour rien? C'est même ainsi que je me rends compte de la faiblesse d'esprit d'un grand nombre de jeunes gens, qui, arrivés à la fin de leurs études, semblent avoir perdu les plus heureuses facultés de leur enfance.

Lorsque l'enfant apprend à parler, il ne faut pas croire qu'il n'y ait chez lui d'autre action que celle de la mémoire et de l'habitude. L'esprit et le raisonnement le plus exact, je dirais presque le plus profond, préside nécessairement à l'emploi de tant de règles, dont l'explication embarrasse quelquefois le philosophe. Ce n'est pas ce raisonnement développé dont nous avons l'usage, mais une perception instantanée de la vérité, d'autant plus rapide, que rien n'en trouble et n'en ralentit les combinaisons toutes simples. L'enfant a même, sous ce rapport, un avantage sur nous.

Parmi les idées si nombreuses que nous avons acquises depuis l'enfance, combien n'y en a-t-il pas d'obscures, d'incertaines, de fausses même à notre insu, sans compter le faux emploi et la fausse application des mots qui nous servent à les exprimer ! Ce doit être, pour l'esprit, une source d'embarras et d'erreurs, que, dans sa simplicité, l'enfant n'éprouve pas. Bien souvent il voit, il saisit tout d'abord le vrai. C'est d'ailleurs un besoin pour lui : ce qu'il ne comprend pas, pour peu que son esprit en soit frappé, donne lieu à des questions sans fin : il vous fatigue de ses *pourquoi*. Mais un temps vient où cette inquiétude de son esprit cesse, le temps où il commence à se contenter des mots, sans les comprendre. Les mots lui suffisent alors, et, pour une infinité de choses, ils lui suffiront le reste de sa vie. Plus il apprendra, plus il saura de mots, et plus son esprit encombré de non-sens et de demi-sens sera exposé à raisonner faux, puisque ses raisonnemens n'auront lieu qu'au moyen de ces mots, qu'il ne comprend qu'à demi ou pas du tout. De là même résulte souvent la paresse et l'inaction de l'esprit, c'est-à-dire, dans bien des cas, une absence complète de raisonnement.

Le but de toute instruction solide devrait être, en exerçant l'intelligence de l'enfant sur les choses, de l'accoutumer à ne pas se payer de mots. Qu'il contracte cette habitude, l'avenir de son esprit est sauvé. Autrement, les meilleures dispositions resteront sans résultat, si elles ne deviennent pas funestes.

Or, s'il est une étude où, le plus souvent, les élèves n'apprennent que des mots, c'est bien celle de la grammaire, quand on en fait l'objet et le fondement de la première instruction. Mon intention n'est pas de l'en exclure entièrement, comme on le verra plus tard; mais elle n'y sera qu'en sous-ordre. Les notions que j'en donnerai résulteront, pour ainsi dire, des faits et des circonstances. Je m'attacherai surtout à laisser aux enfans le libre exercice de leur raisonnement naturel : c'est la voie la plus sûre, et la seule vraie, pour les conduire à l'intel-

ligence du latin et d'une langue quelconque ; mais,
quand je n'aurais fait par là que sauver leur esprit
de cette foule de mots et de non-sens dont il prend
l'habitude, et dont il s'emplit par la méthode ordinaire, ce serait déjà un avantage immense.

CHAPITRE III.

L'enfance et l'âge mûr : l'analyse et la synthèse.

Un des vices radicaux de l'enseignement actuel, c'est qu'on n'y tient pas compte des facultés particulières à l'enfance. La méthode généralement employée n'appartient qu'à l'âge mûr, comme si l'homme et l'enfant, quand il s'agit d'apprendre, étaient des êtres de même nature. Cette erreur vaut la peine d'être démontrée.

Le corps de l'homme et celui de l'enfant sont constitués de la même manière. Les fonctions de la vie s'y font dans le même ordre et suivant le même cours. La seule différence essentielle, c'est que l'un a cessé de croître, et que l'autre prend insensiblement un développement qui ne s'arrête qu'à l'époque fixée par la nature.

Il en est de même de l'esprit. Dans l'enfant l'esprit croît sans cesse, tandis que généralement dans l'homme, à moins de circonstances particulières, cette croissance s'est arrêtée à une époque, à peu près la même pour tous.

Le corps de l'enfant se développe par une vertu, suivant des lois qui nous sont inconnues. Il suffit de lui donner la nourriture : à nous les soins extérieurs, à la nature ceux du dedans. Donnons, il croîtra de lui-même, et, par ce développement insensible et graduel, quelle différence entre l'enfant de cinq ans et celui qui vient de naître !

Mais, dans ce même temps, il s'est fait un progrès bien plus extraordinaire dans l'esprit de cet enfant, qui pense, raisonne, parle, exprime tant d'idées sous tant de formes et avec tant de justesse. Comment a-t-il reçu et combiné toutes les idées qu'il possède, et toutes les formes sous lesquelles sa langue les réalise pour lui et pour nous ? Quelle est notre part dans cette œuvre ? Nous avons fait, de nous-mêmes et avec intention, bien moins pour l'esprit que pour le corps. Nous ne nous sommes jamais dit : je vais aujourd'hui lui donner telle idée, lui apprendre à raisonner de telle manière, lui faire comprendre telle vérité : nous lui avons à peine donné, avec intention, quelques mots. Cependant, à l'âge de cinq ans, il y a dans son esprit plus d'idées, plus de vérités, plus de moyens d'expression, que nous n'aurions jamais songé à lui en donner dans un si court espace et avec des facultés presque nulles à nos yeux. Demandez-lui comment ces merveilles s'opèrent ? Il n'en sait rien, pas plus qu'il ne sait et que vous ne savez vous-même comment il se fait que sa taille soit augmentée de cinq ou six pouces depuis deux ou trois ans.

Sa taille continuera d'augmenter, sans que nous

ayons presque autre chose à faire que de lui fournir la nourriture, et de présider peut-être à quelques exercices, qui peuvent seconder la nature. Nous nous inquiétons peu de lui sous ce rapport : quelque soin que l'on prenne de deux enfans constitués suivant la règle ordinaire, il n'y aura jamais entre eux, à l'âge de trente ans, une immense différence de taille et de force. Mais, sous le rapport de l'esprit, il peut y avoir, au même âge, entre ces deux hommes, égaux à cinq ans et doués alors d'une égale capacité, une telle supériorité de l'un sur l'autre, qu'il ne soit plus permis de les comparer. C'est un des caractères qui distinguent le mieux la partie immatérielle et la partie matérielle de notre être : celle-ci est bornée par elle-même ; tandis que nous ne pouvons pas assigner de terme à l'autre, ni dire si Dieu a marqué le point jusqu'où il lui permet de s'approcher de lui par la pensée et par la science.

La quantité de nourriture qu'on peut fournir au corps, est réglée par les besoins de chaque jour, et nous sommes forcés de nous renfermer dans les limites communes à tous les êtres de même nature. Mais il en est autrement de l'esprit : dans le développement de ses facultés, nous pouvons ne pas borner l'enfant aux choses sans lesquelles l'être humain ne se conçoit pas. Celles-ci, il les prend de lui-même, et, quand il a la part assignée, pour

ainsi dire, à l'homme, comme essentielle à sa nature et à la société dans laquelle et pour laquelle
il est né, il reste presque toujours au niveau de la
masse. Cependant, son esprit est susceptible de se
prêter à bien d'autres idées qui peuvent le fortifier
et l'étendre, l'élever même au-dessus de la simple
nature, et le rapprocher, sur la terre, de la noble
fin où Dieu l'appelle. Voilà ce que l'enfant ne
trouve pas de lui-même ; il faut le lui donner, si
nous voulons qu'il le possède : ce sera notre
office, et la partie sublime de l'œuvre paternelle
envers l'être pensant.

Il s'agit maintenant de savoir si, lorsque nous
aurons à travailler avec cet enfant et sur lui, nous
suivrons une autre marche que celle qui a si bien
réussi à la nature agissant seule. Comme la langue
qu'il parle à cinq ans se trouve être le résultat le
plus merveilleux et le plus manifeste de cette action, nous serions conduits à traiter la question
sous ce rapport, quand même l'étude des langues
ne serait pas ici notre objet spécial.

Comment donc l'enfant a-t-il appris à parler ?
Les mots n'ont pu lui venir que de nous. Pendant que nous parlions devant lui et avec lui, l'expression des choses, des faits, des pensées à sa
portée, se mettait, à notre insu, dans son esprit, avec
les choses, les faits et les pensées. Quant aux purs
effets du raisonnement, ils sont les résultats de sa

nature : il y a dans sa tête une machine à raisonnement, et, pour y présider et la mettre en action,
l'âme, c'est-à-dire, la raison elle-même. Si vous
n'aviez appris à jouer d'un instrument, vous n'en
tireriez que des sons discordans. Mais l'âme de
l'enfant n'a pas besoin d'apprendre à raisonner : en
sortant des mains de Dieu, elle est la raison même.
Vous n'avez donc qu'à lui fournir exactement, ou
plutôt lui laisser prendre les choses, sans vous inquiéter de ce qu'elle en fera par le raisonnement :
c'est son affaire à elle. Jugez-en par ce qu'elle sait
en si peu de temps de votre langue, et par l'usage
qu'elle en fait. Est-ce d'après votre enseignement?
Et comment auriez-vous pu l'enseigner?

Bien plus, devant cet enfant, qui, dans votre
langue, s'exprime et raisonne par les mêmes procédés que vous, supposez qu'on en parle une seconde,
que dis-je? deux ou trois autres : il fera bientôt de
celles-ci un usage aussi facile, aussi exact ; et, pour
y parvenir, il n'aura toujours eu qu'à saisir, avec
les choses à sa portée, les sons qui les désignent.

L'enfant est sensible à une foule d'impressions
qui nous échappent. A mesure que son âme reçoit,
et qu'elle a plus de moyens et d'occasions de ré-
agir sur les organes, elle ne peut manquer, non
pas de se perfectionner (car elle est parfaite en
elle-même), mais d'acquérir des moyens d'action
de plus en plus parfaits. En cela, elle n'est bornée

que par les organes eux-mêmes, dont la perfectibilité n'est pas indéfinie comme sa perfection ; car
ils ne sont que matière. La nature a même établi
sous ce rapport une différence essentielle entre les
individus. Mais, quelle que soit l'organisation primitive, le développement dont elle est susceptible
peut encore ajouter à la puissance de l'ame. De
nouvelles parties se joignant sans cesse les unes
aux autres, sous l'impression d'un sentiment ou
d'une volonté habituels ou souvent répétés, les
organes prennent, en croissant, un caractère que
rien ne peut plus leur enlever, et que, sans cela,
ils n'auraient jamais acquis.

Tout ce que nous avons de mieux à faire avec
l'enfant, c'est de profiter de cette flexibilité des
organes, qui doit encore se perfectionner par
l'exercice. S'agit-il de lui faire apprendre une
langue? il l'apprendra comme la première : il ne
faut, pour cela, que lui présenter des choses, des
faits et des pensées à sa portée ; la forme et les
sons nouveaux sous lesquels il les comprendra,
seront bientôt pour lui aussi vrais, aussi faciles
que ceux qu'il a connus d'abord. Sa raison en fera
ce qu'elle a déjà fait pour la langue maternelle, et
les organes s'y prêteront avec la même facilité.

Nous ne pouvons assigner de bornes à l'œuvre,
tant que les organes se développent. Mais cette
croissance, si prompte et si active dans le principe,

se ralentit avec les années: un âge vient où elle s'arrête. Chez la plupart des hommes, la croissance immatérielle s'arrête vers la même époque: leur esprit reste pour la vie ce qu'il est alors.

Cependant l'ame n'est pas comme le corps: celui-ci se développe par une vertu qui ne se connaît pas, et qui n'agit que suivant des lois propres à la matière; mais la raison, que j'appellerai cette vertu de l'ame, se connaît elle-même : elle peut se rendre compte de son action: quand la croissance des organes s'arrête, il lui reste, sur eux et sur elle-même, une force d'action qui conserve à l'ame des moyens d'acquisition, que le corps n'a point. L'homme peut donc alors continuer d'apprendre, mais par un procédé tout autre que celui de l'enfance.

Cette admirable flexibilité de la croissance à se prêter aux impressions et à les retenir, a presque disparu. Il est vrai que, par l'exercice, l'ame peut maintenir les organes dans un état plus ou moins favorable à ses progrès: ce sera un effet de sa volonté et de sa persévérance. Mais elle n'aura plus à son aide l'action spontanée de la nature. Pour la mémoire, par exemple, n'espérez plus qu'un son, parce qu'il a frappé l'oreille, doive rester dans l'esprit; et l'oreille, il ne faut pas croire qu'elle distingue encore d'elle-même toutes les nuances dont un son principal se compose. Tout cela ne s'obtient plus qu'avec intention et par un travail particulier.

Si l'enfant apprend la langue de son pays sans maître et sans études, c'est qu'elle est pour lui la base et le lien de la société : la nature avait, sous ce rapport, une obligation à remplir envers l'être social. Les facultés dont elle l'a doué dans cette vue, peuvent alors s'appliquer à d'autres langues par des procédés analogues à ceux dont il a l'usage ; mais, à l'âge où l'être social est formé, la nature l'abandonne à lui-même.

S'il apprend une nouvelle langue, ce n'est qu'avec une intention bien déterminée et par un procédé tout autre que celui de l'enfance. Tandis que l'enfant se trouvera la savoir, sans se douter même qu'il l'apprenait, l'homme n'y parviendra qu'au moyen d'efforts soutenus et bien dirigés. Il en est pour lui de cette étude comme de toutes les autres. Son esprit ne continue de croître et de s'étendre que par la volonté. Mais aussi, cette volonté, quand les dispositions de l'individu et ses acquisitions antérieures la secondent, produit alors des résultats auprès desquels ceux de l'enfance reprennent à nos yeux le caractère de faiblesse qui paraît appartenir à cet âge. L'ame de l'homme, en se repliant sur elle-même, peut faire entre ses pensées des combinaisons, dont un grand nombre sont des pensées nouvelles. Dans la dépendance à laquelle sont exercés les organes qui la servent directement, elle peut, en les soumettant à un genre d'action plus fort et plus soutenu, obtenir d'eux ce que n'aurait jamais donné la molle facilité de l'enfance. C'est l'âge de la production et de la maturité, l'époque des œuvres les plus parfaites de l'esprit, du sentiment et de l'imagination. La force matérielle elle-même, qui devait s'arrêter avec la croissance du corps, tire alors de l'esprit une nouvelle puissance; et qui pourrait en déterminer l'étude et la portée, depuis le levier jusqu'à la poudre ou la vapeur, et jusqu'aux découvertes qui peuvent encore changer la face du monde?

Personne, je crois, ne nie cette différence entre les facultés de l'homme et celles de l'enfant; mais on ne la fait ordinairement consister que dans la force de l'un et la faiblesse de l'autre. Ce qu'il était important de constater, c'est qu'à la faiblesse de l'enfance, il se joint des moyens d'apprendre auxquels la force virile ne se prête plus, et qu'il en doit résulter une différence essentielle dans les études et dans les procédés d'instruction propres à chacun de ces deux âges. L'application que nous allons faire de notre pensée achèvera de la rendre sensible.

Je suppose qu'un homme de trente ans et un enfant de dix ans aillent en même temps demeurer en Angleterre. L'enfant saura parler anglais dans

six mois, exprimer du moins tout ce qui sera en
rapport avec son âge, ses besoins et ses habitudes.
Quant à l'homme, il lui sera presque impossible
d'apprendre l'anglais par l'usage : après plusieurs
années de séjour, il en saura beaucoup moins que
l'enfant au bout de quelques mois. Il en est de son
esprit comme de son oreille et de sa langue, qui ne
peuvent plus saisir la différence des sons, ni se former à une prononciation si facile au jeune âge. Il
n'éprouvera pas moins d'obstacles à comprendre
et retenir les mots et leurs diverses acceptions,
ainsi que les tournures et les idiotismes qui caractérisent l'expression anglaise. Chez l'enfant, tout
cela se sera fait naturellement et sans effort.

Que fera donc cet homme pour apprendre l'anglais? A défaut de la flexibilité des organes, il
n'aura plus d'autre moyen que de faire usage de
sa vigueur d'esprit et de raison. On a constaté un
certain nombre de faits et de vérités, qui constituent ce qu'on appelle la grammaire anglaise. Il
s'attachera à chacun d'eux successivement et dans
un ordre bien exact. Il les étudiera, soit en eux-
mêmes, soit par comparaison avec sa propre langue.
L'exercice s'y joindra, mais toujours dominé et
réglé par la raison. Enfin, appelant sans cesse à
son aide les observations faites par d'autres hommes,
il prendra de prime abord les vérités qu'ils ont découvertes, c'est-à-dire, les règles exposées dans la

grammaire. Il opérera sur elles et par elles, jusqu'à ce que la réflexion et l'exercice aient fait de chacune d'elles une vérité qui reste dans son ame. Il fera de la synthèse : la grammaire n'est pas autre chose. C'est pour lui que la synthèse et la grammaire sont faites : par elles il apprendra d'une manière plus prompte et plus sûre ; sa raison lui fera connaître et pourra lui rendre habituelles une infinité de choses, qu'autrement il n'aurait jamais ni saisies ni retenues.

Supposons maintenant qu'on procède de la même manière avec notre enfant de dix ans. Je ne parle pas de la contrainte qu'il faudra presque toujours exercer sur son esprit, et qui sera loin d'avoir pour lui les mêmes résultats que, pour l'homme, un travail volontaire et paisiblement raisonné. En admettant même de sa part la meilleure volonté, plusieurs années d'études et les explications répétées d'un maître sur les parties constitutives, sur le mécanisme et les détails de la langue, lui en donneront une intelligence moins vraie et moins sentie que six mois de pratique et d'exercice : c'est un fait incontestable. La preuve que vous contrariez la nature, et que vous soumettez l'esprit de cet enfant à un travail qui n'est pas fait pour lui, n'est-ce pas la promptitude avec laquelle, abandonné à lui-même, il aurait appris cette langue, dont vos leçons lui font une étude si pénible ?

C'est un don de l'enfance, le résultat de cette disposition des organes, qui, dans leur croissance, se plient à tout avec tant de facilité. Quelle méthode aura-t-il suivie? Aucune de lui-même; mais, pour lui, la nature suivait celle de son âge. Toutes les parties de la langue, jusqu'aux nuances les plus délicates des sons et des tournures, se mettaient successivement dans son esprit, et cela au moyen des choses qu'il savait. Si on lui avait exposé des vérités philosophiques, ou même des faits entièrement nouveaux, il n'aurait rien appris de la langue qui les aurait exprimés; mais ses idées ordinaires et familières se trouvant, à chaque instant, traduites dans une autre langue, il a bientôt compris celle-ci : le succès serait encore plus sûr et plus prompt, s'il vivait au milieu d'enfans de son âge, avec ceux dont les idées sont les siennes. Il va des idées qu'il possède aux mots et aux tournures qu'il n'a pas et qui servent à les rendre. Le connu le conduit à l'inconnu, mais sans intention, sans propos délibéré. Tous les détails de la langue se mettent, ainsi, d'eux-mêmes dans son esprit. C'est le procédé de l'analyse dans toute la simplicité de la nature.

Si nous en comparons le résultat avec celui obtenu par la méthode précédente, nous y trouverons une différence analogue. L'homme de trente ans possède ce qu'il sait dans un ordre exact, et de manière à pouvoir s'en rendre compte; tandis que la nouvelle langue de l'enfant est chez lui dans un véritable état de décomposition, comme, pour le plus grand nombre, les langues apprises par le procédé de l'enfance. Il n'y trouve pas moins, à point nommé, et pour son usage de chaque instant, ce dont il a besoin : il en fait même un emploi plus facile et plus sûr que son vieux concurrent. Quant au seul avantage de celui-ci, le temps viendra l'ajouter à tous ceux que l'enfant possède. Lorsque la raison aura pris, dans la croissance des organes, les moyens d'action nécessaires, rien de plus facile que de mettre, au milieu de ce désordre apparent, un ordre qui n'en rendra pas l'usage ordinaire plus commode, mais qui, soumettant chaque partie à des lois fixes et fondées sur le vrai, donnera à la raison elle-même une action plus sûre et plus complète sur l'instrument qui fait une partie de sa puissance. Ce sera, pour notre élève, l'époque de la synthèse ou de la grammaire. Il finira par où l'homme fait a commencé.

On voit combien la méthode ordinaire, où la synthèse presque seule est sans cesse employée avec les enfans, est contraire au but qu'on se propose. C'est un résultat de notre penchant à juger des autres d'après nous-mêmes. Ceux qui enseignent sont des hommes : ils voient les enfans parler et raisonner comme eux : les enfans sont pour eux de petits hommes : ils les traitent en hommes. Sans tenir compte de leur faiblesse et des facultés particulières à leur âge, ils les soumettent à des exercices qui supposent la force et la capacité de l'âge viril. Si, au lieu d'abandonner leur corps à cette agilité de mouvemens, qui le développe sans effort, et qu'il est seulement permis de régler avec mesure, vous leur imposiez des travaux qui exigeassent une action forte et continue, si vous faisiez ployer leurs épaules sous des fardeaux qu'ils pussent à peine soutenir, vous n'auriez à vingt ans que des êtres mal constitués, à la démarche lourde et sans adresse. Ce n'est là pourtant qu'une image trop fidèle de la manière dont on prétend former l'esprit des enfans.

L'enfance est l'âge des langues. Cette faculté d'en apprendre plusieurs à la fois par l'usage seul, ne dépasse guère dix-huit ou vingt ans : je crois même que, pour la plupart, elle cesse plus tôt. Une langue ne s'apprend plus, alors, qu'à l'aide de la grammaire. Suivons donc cette méthode avec ceux à qui la nature en fait une loi. Mais, quand nous trouvons dans l'enfance une faculté si sûre et si prompte, dont la nature l'a douée, pour l'en priver plus tard, pourquoi ne pas en profiter, pourquoi ne pas nous soumettre à la loi de cet âge ? N'est-ce pas une espèce d'absurdité que de traiter notre élève en homme, quand il a, comme enfant, une faculté plus précieuse et mieux adaptée à ce que nous voulons faire de lui, que toutes les facultés de l'âge viril ne le sont à l'homme lui-même voulant atteindre le même but?

Prenons garde, à notre tour, de donner dans un autre excès. Notre principe est vrai; mais, s'il restait absolu dans l'application, il pourrait devenir faux, comme il arrive à bien d'autres principes.

A mesure que l'être humain se développe, il arrive insensiblement de la flexibilité du premier âge à la force de la virilité : il ne passe pas subitement de l'une à l'autre : la puissance de la synthèse ne succède pas tout-à-coup à la facilité de l'analyse. On peut dire, je crois, que, jusqu'à l'âge de sept ou huit ans, la synthèse n'est pas dans la nature de l'enfant; mais, à partir de cet âge, elle n'est plus tout-à-fait impraticable. D'années en années, elle peut se mêler à l'analyse, de manière à partager un jour les droits de celle-ci; ce serait vers quatorze ou quinze ans. Elle pourra même ensuite dominer bientôt, mais sans que la méthode primitive ne reste encore un puissant moyen d'enseignement : l'analyse est la compagne inséparable de la croissance.

La faute est donc moins à l'âge où la plupart des enfans commencent l'étude du latin, d'employer la synthèse, c'est-à-dire la grammaire, que d'en exagérer l'usage. C'est, surtout, par l'analyse que les langues

s'apprennent alors. Employons-la donc avec l'enfance ; qu'elle soit pour nous la méthode d'enseignement. Mais gardons-nous d'exclure la synthèse. Loin de là, à mesure que l'enfant avance
et que l'analyse accumule les matériaux dans son
esprit, l'usage bien réglé de la synthèse, en forti-
fiant sa raison, deviendra, de jour en jour, un moyen
puissant de hâter ses progrès.

Deux voies sont ouvertes à l'enseignement.
L'une d'elles paraît plus courte ; mais la raison de
l'enfant n'y chemine qu'avec peine, au milieu des
aspérités et des obstacles dont elle est hérissée,
et qui souvent l'arrêtent pour toujours. Dans l'autre,
au contraire, la marche est douce et facile, comme
sur une pente légère : on y peut même profiter
quelquefois des passages plus courts de la première ;
et, quoique plus longue en apparence, elle conduit
l'enfant mieux et plus loin, dans le même espace
de temps. C'est à celle-ci que nous voulons ramener l'enseignement des langues ; mais, comme on
le voit, nous ne prétendons pas l'y renfermer
absolument. Par sa nature d'être pensant et rai-
sonnant et se perfectionnant de jour en jour, l'enfant nous permet d'employer, à la direction de son
esprit, les secours que la raison de l'homme peut
seule fournir. Il s'agit seulement de les adapter aux
facultés particulières et aux diverses époques de
l'enfance et de la jeunesse.

CHAPITRE IV.

La pensée d'abord ; tout pour elle et par elle.

Cet enfant, que nous supposions transporté dans un pays étranger, en apprendra la langue avec d'autant plus de facilité, qu'il y retrouvera plus souvent l'expression de ses propres idées. Il va, disions-nous, des idées qu'il possède aux mots et aux tournures qui servent à les rendre. Cette observation est plus importante qu'elle ne le paraît d'abord. J'y ai moi-même été conduit par mon expérience.

Sans avoir jamais décliné un nom, conjugué un verbe, appris une règle, mes enfans se sont trouvés savoir toutes les variétés des noms et des verbes, et en faire exactement l'emploi que les règles prescrivent. Je ne leur ai jamais présenté séparément les formes et les tournures propres au latin, comme offrant chacune une nuance particulière d'idée, et comme soumises à des lois fondées sur la raison et l'usage. Chaque fois que l'une d'elles s'est mise dans leur esprit, je n'avais fait qu'exprimer devant eux, au moyen d'une modification nouvelle, une idée qu'ils avaient déjà, ou qui résultait de la circonstance même ou d'une combinaison toute naturelle entre leurs idées antérieures.

Ce procédé est celui de la nature. On peut le constater sur l'enfant apprenant sa langue maternelle. La pensée est tout pour lui : il ne s'occupe pas des mots. Sa raison les prend comme choses tenant aux idées elles-mêmes, et elle les emploie, sous leurs diverses formes et dans leurs rapports entre eux, à mesure et suivant que les idées acquises et leurs combinaisons entre elles lui en font un besoin. C'est sur les idées et par elles qu'il raisonne, et de là résulte, dans l'emploi des mots qui servent à les rendre, cette justesse et cette vérité dont ils ne sont que l'expression extérieure. Il ne travaille pas sur des signes, qui, considérés séparément, ne seraient pour lui que de vains sons; mais, par les idées positives et claires qu'il possède ou qu'il acquiert de jour en jour, la nature le tient sans cesse en action sur les signes qui servent à les exprimer, et qui lui en rendent l'usage plus prompt, plus facile et plus complet.

Une faculté qui domine encore à cet âge, l'esprit d'analogie, seconde, en cela, l'action de la nature. L'enfant est porté à juger comme il a jugé, à parler comme il a parlé. Avec sa mémoire si vive et si prompte, qu'un rien réveille, une chose toute nouvelle, mais semblable à une autre qu'il connaît déjà, se présente à lui sous ses traits de ressemblance avec celle-ci. C'est ce qui le frappe d'abord, et naturellement il est porté à faire de la seconde ce qu'il a fait de la première. Le langage le plus enfantin pourrait en donner la preuve. Parmi ces expressions, dont la bizarrerie apparente nous fait sourire, j'ose affirmer, d'après mon expérience, qu'il n'en est presque pas qui ne soient le résultat d'une analogie facile à découvrir.

Il suffit que l'enfant ait employé une forme de langage à rendre une idée claire, et même un jugement, un raisonnement entier, qui se trouve être dans son esprit : la répétition, qu'il en fait de lui-même sur d'autres idées, lui en donne bientôt un sentiment si prononcé, qu'il serait choqué d'une autre manière de parler. Il m'est arrivé quelquefois de faire avec intention des fautes de latin devant mes enfans : à l'instant même, ils me reprenaient, ils m'appelaient *barbare* ; tant la forme vraie leur était déjà devenue naturelle! Elle seule était pour eux fondée sur la raison, et leur esprit souffrait d'une autre locution qu'il ne pouvait plus admettre. La pratique répétée est, pour l'enfant, une démonstration en action, dont il est difficile de rendre compte, mais qui n'en est pas moins réelle. Quand, au moyen de la pensée, il s'est intimement pénétré de l'expression, il ne peut plus parler autrement. Il n'y a pas de forme de langage qui ne puisse ainsi devenir pour lui le sûr moyen de saisir et de rendre tout ce qui peut entrer dans son esprit. Qu'on se garde bien de n'y voir qu'un effet machinal de la mémoire. Si cela était, lorsqu'un de mes enfans a entendu et saisi une nouvelle manière de parler, il ne l'emploierait que pour la même idée et avec les mêmes mots ; mais, que d'autres idées se présentent, dans les mêmes circonstances, ou avec des rapports semblables, la locution qu'il connaît s'appliquera à d'autres mots, et toujours par cet esprit d'analogie, véritable raisonnement instantané, une des causes les plus actives des progrès de cet âge.

Une condition indispensable, c'est de n'offrir à l'enfant que des idées claires, et d'où résulte, pour son esprit, la liberté d'action qui fait une partie essentielle de sa force. Si vous le tenez occupé de choses obscures et sans intérêt pour lui, si, comme il arrive le plus souvent, il s'arrête aux mots et à la forme, sans s'inquiéter de la pensée, on ne peut plus compter sur une faculté qui opère à notre insu tant de merveilles.

L'esprit général de mon système, et le principe sur lequel il repose, se résume dans cette espèce d'axiôme : *La pensée d'abord ; tout pour elle et par elle.* En s'occupant essentiellement de la pensée, l'esprit se pénètre de l'expression, qui n'est que l'accessoire, mais accessoire indispensable ; tandis qu'en faisant de l'expression le principal, l'esprit prend souvent l'habitude de n'y plus voir la pensée, et n'acquiert, sur les mots et sur les règles, qu'un sentiment vague et confus, un souvenir qui ne s'arrête à rien de fixe et de certain.

J'exercerai donc l'esprit de l'enfant sur des réalités ; et l'avantage, alors, ne sera pas seulement de lui faire mieux apprendre la langue, mais aussi de lui présenter le plus souvent des idées qui doivent rester. La méthode ordinaire n'attache d'importance qu'aux mots et aux règles ; mais, dans mon système, outre les idées qui vont à l'âge et aux habitudes de mon élève, je prétends le plus souvent l'occuper de choses dont l'acquisition journalière devra sans cesse agrandir et fortifier son esprit.

La pensée d'abord ; tout pour elle et par elle : ce principe a déjà servi de base à tout ce qui précède. La suite de mes observations achèvera peut-être d'en démontrer l'efficacité, et de faire mieux sentir les inconvéniens de la méthode actuelle, qui semble fondée sur le principe contraire.

CHAPITRE V.

*Application de notre principe. Quelques incon-
véniens du mode actuel.*

Mes deux fils ont appris à lire par la méthode
ordinaire. Leur mère s'était chargée de cette partie.
Elle les fit épeler. Cette lente formation, cet
assemblage presque machinal de syllabes et de
mots, n'est pas sans inconvénient pour l'esprit,
que je voudrais accoutumer dès le principe à voir,
dans les mots, autre chose que des caractères et
des sons. Mais, quelque méthode qu'on emploie,
il est douteux qu'on puisse entièrement éviter ce
danger. Je n'y verrais d'autre remède, que de
présenter aux enfans des mots et des idées qu'on
sait devoir être dans leur esprit, ou qui peuvent
s'y mettre à l'instant : un petit entretien sur le
sujet suivrait la lecture. La même lecture, reprise
ensuite, deviendrait plus facile. En développant
l'intelligence, qu'il tiendrait en action, cet exercice devrait encore hâter les progrès qu'on aurait
en vue : les enfans sauraient lire plus tôt.

Mon fils aîné avait à peu près cinq ans, lorsque je lui mis en main *l'Épitome*. Il comprenait

assez bien, quoiqu'il y eût souvent des mots nouveaux pour lui ou des locutions nouvelles. Un livre français, quelle que fût la simplicité du sujet et du style, offrirait des difficultés à un enfant de cinq ans. A plus forte raison mon fils en devait-il rencontrer en latin, lui dont le latin, quelque habitude qu'il en eût prise avec moi seul, ne valait pas le français d'un enfant de son âge

Nous lisions : sans faire le mot-à-mot, dont nous verrons plus tard les inconvéniens, je lui faisais mettre en français la phrase latine, ou les propositions distinctes, s'il n'en pouvait pas d'abord saisir l'ensemble. Quand il se présentait un mot nouveau, dont le correspondant français lui était inconnu ou n'était pas clair pour lui, j'avais différens moyens de le lui faire comprendre et de lui en donner l'usage. Un de ceux que j'employais le plus volontiers, c'était de lui mettre la chose en action. si le mot y prêtait. Ainsi, par exemple, au commencement du second chapitre, *Deus finxit corpus hominis e limo terrae* : pour lui faire comprendre *finxit*, je faisais, tant bien que mal, avec de la mie de pain, une espèce de corps. L'explication de *Fructus gustu suaves* donnait lieu à une action fort claire et très agréable à l'enfant. Il était assez plaisant de voir le père expliquer la marche du serpent, *reptabit super pectus*. Nous fûmes ainsi naturellement conduits à mettre en action des récits

tout entiers, la désobéissance d'Eve et d'Adam,
la mort d'Abel, le sacrifice d'Isaac, et beaucoup
d'autres ; ce qui se faisait toujours en latin, et dans
un langage où reparaissaient la plupart des expressions de l'auteur. Le père n'y prenait peut-être
pas moins de plaisir que l'enfant. Mais il se présentait aussi des mots et des tours nouveaux, difficiles à comprendre, et pour lesquels l'action était
impossible. Sans m'obstiner à les lui expliquer, je
tâchais de les amener dans notre conversation,
dans d'autres récits, dans ses jeux mêmes. Par la
pensée qu'il comprenait alors, l'expression prenait
un sens pour lui, et lui devenait à la fois claire et
familière.

Peu de temps après, l'idée me vint de lui faire
lire quelques fables de Phèdre. Je fus surpris de
sa facilité à en saisir le sens ; mais l'action nous
était encore d'un grand secours et une occasion de
plaisir. Pouvait-il ne pas comprendre la fable du
Renard et du Corbeau, lorsque son père, faisant,
monté sur une chaise, le rôle de l'oiseau, et lui-
même à quatre pattes celui du renard, les paroles
flatteuses de l'animal rusé amenaient avec le vilain
cri du corbeau la chute du bonbon qu'il tenait en
son bec ? C'est une de celles dont on demandait le
plus souvent la répétition ; mais, pour la moralité
du jeune acteur, je lui faisais faire quelquefois le
rôle du corbeau. Sur une quinzaine de fables que

nous vîmes alors, il n'y en eut presque pas qui ne
donnassent lieu à une action facile et amusante.
L'enfant y prit même tant de plaisir, que, le matin
dans son lit (c'était l'été), il demandait son livre.
Au bout de quelque temps, il savait presque ses
fables par cœur. Il en était à peu près de même de
l'*Epitome*. De là résultaient pour lui, dans notre
conversation et dans nos exercices, beaucoup
d'expressions dont l'heureuse application m'a
causé plus d'une agréable surprise.

C'est vraiment une chose admirable que la facilité avec laquelle la mémoire des enfans conserve
et reproduit au besoin ce que leur esprit a saisi.
Tout ce qu'ils ont compris, ce dont leur raisonnement si simple et si pur a fait sans effort une
vérité, s'identifie, pour ainsi dire, à l'instant avec
eux. Les mots qui l'expriment se gravent en même
temps dans leur mémoire et y restent avec la chose.
J'ai été quelquefois tout surpris d'entendre mon
fils employer un mot que j'étais sûr de n'avoir
prononcé devant lui qu'une seule fois quelque
temps auparavant. La même idée se représentait,
et avec elle le mot qui l'avait accompagnée. Un
jour, causant avec lui de la rivière et des obstacles
qu'elle oppose à ceux qui voudraient la traverser
sans bateau, il me dit: *urinator fluvium traji-
cere posset*. J'avoue que je ne compris pas d'abord ce
mot *urinator*. Quand je m'en rappelai la signifi-

cation (*plongeur*), je me demandai où mon fils avait pu l'apprendre. Certainement il ne tenait pas ce mot de moi, qui ne l'avais pas même à ma disposition. Je me souvins enfin que nous l'avions vu, deux mois auparavant, dans un récit que nous n'avions pas relu depuis ce temps.

Si, dans une autre circonstance, je lui avais demandé le sens d'*urinator*, je suis presque sûr qu'il n'aurait pu me répondre. Mais l'idée, cette idée qu'il avait déjà, se représentant à son esprit, l'expression nécessaire lui est aussi revenue d'elle-même. En général, les mots ne nous font pas un besoin de la pensée, comme la pensée des mots. Par la raison même qu'un mot n'est pas compris, le plus souvent l'esprit glisse dessus, sans attacher d'importance à la chose exprimée ; tandis que la pensée bien comprise et établie chez nous, nous fait un besoin des mots qui la portent au dehors. C'est donc par-là qu'il faut commencer, quand on veut que l'expression se grave dans la mémoire. Occupons-nous des choses ; les mots qui les expriment et leurs combinaisons les plus heureuses seront le résultat nécessaire des idées et des connaissances que nous aurons acquises.

Si l'on se contentait d'apprendre la nomenclature des mots d'une science, en joignant même une définition à chacun d'eux, on les aurait presque tous oubliés au bout de quelques jours. Mais, étudiez la science elle-même ; qu'un exposé clair et complet en fasse passer dans votre esprit les faits et les pensées ; vous en saurez la langue. Il en est de même d'une langue quelconque : les mots dont elle se compose, et les tournures qui la caractérisent, se gravent dans la mémoire avec les pensées que l'esprit a saisies, et qu'il retient sous cette forme et cette expression.

C'est par l'intelligence que la mémoire s'approprie les mots. On le reconnaît surtout à cet âge où la nature se montre à nous toute neuve et toute simple. Mais, cette admirable disposition de l'enfance, nous la gâtons comme tout le reste, en substituant les mots aux choses.

Ce vice de l'enseignement paraît surtout dans la manière dont on fait apprendre et réciter aux élèves les auteurs latins et français qu'ils expliquent ou qui leur sont donnés pour modèles. Ce n'est le plus souvent qu'un exercice de routine. Que comprennent les enfans dans la plupart des morceaux en vers ou en prose qu'ils apprennent? Il n'y a pour eux que des mots ; ou, si quelques mots leur offrent des idées, ils en prennent encore plus l'habitude de ces demi-sens, de ces lueurs qui, brillant dans l'obscurité, égarent d'autant plus, qu'on croit y voir, quand on n'y voit pas.

La mémoire est ainsi exercée sans fruit pour elle-même et aux dépens de l'esprit, pendant toute

la durée des études. Qu'on se représente des jeunes
gens astreints chaque jour à venir réciter des morceaux sans importance pour eux, et dont ils savent
n'avoir plus besoin le lendemain. Ils les apprennent
pour le moment requis. La tête pleine des mots
qu'on leur demande, ils les récitent à la hâte. Ils
ont même besoin d'en lire le début, pour se le
rappeler ; et si, ensuite, ils s'arrêtent, ils ne
peuvent plus retrouver où ils en sont. Mais, ce
qu'il y a de plus fatigant, de plus insupportable
pour l'auditeur qui attend des pensées, ce qui
prouve surtout qu'il n'y a chez eux que des sons
joints un moment l'un à l'autre, c'est la répétition
continuelle des mots sur lesquels ils reviennent,
pour attraper le mot suivant. Les leçons, ainsi réci-
tées, sont le fléau des études. Combien d'autres
inconvéniens s'y joignent encore ! Sans parler de la
perte d'un temps considérable employé hors des
classes et dans les classes à apprendre ou à réciter,
c'est pour les enfans de tout âge une cause éternelle
de punition, une source d'ennui et de dégoût, qui
suffirait pour leur faire prendre l'étude en haine,
et dont l'effet, j'en suis sûr, est d'émousser chez
un grand nombre le sentiment moral, qui devrait
sans cesse animer et honorer le travail de l'esprit.

Sans doute, il faut exercer la mémoire des enfans
sur les langues qu'ils apprennent et sur les chefs-
d'œuvre qu'on leur explique ; mais les mots n'en

sont que la partie secondaire. Quand la pensée sera bien conçue et gravée dans l'esprit, l'expression s'en représentera d'elle-même; au lieu que les mots, qui n'offrent aucune idée, ou qui se perdent au milieu d'autres mots obscurs ou vides de sens, doivent bientôt s'échapper de l'esprit, où ils ne tiennent à rien.

Nous faisons une bien fausse application de l'expression commune, si vraie dans son principe, *apprendre par cœur*. Elle suppose que la chose apprise n'est pas seulement dans l'esprit, mais dans le cœur, identifiée, pour ainsi dire, à notre être par le sentiment qui nous en pénètre. Ce ne sont pas les mots qui arrivent là.

Mes enfans n'apprendront pas seulement de mémoire, mais surtout par la pensée et l'intelligence. Je ne veux pas qu'ils restent attachés sur tous les mots d'une page, avec intention d'en retenir les sons et l'enchaînement, avant qu'ils n'aient senti le mérite d'un style dont la forme et l'expression sont elles-mêmes des pensées du génie. J'espère bien qu'ils sauront un jour textuellement les morceaux les plus remarquables des langues qu'ils auront apprises. Que de beautés on peut ainsi s'approprier par la mémoire! Mais cet exercice, ainsi conçu, suppose des études assez avancées. Jusque là, c'est sur les pensées que j'exerce leur esprit. bien sûr qu'ils apprennent en même temps les mots;

tandis que, si je les forçais de se graver les mots dans la mémoire, il n'y resterait souvent pas autre chose, si cela même y restait. Tout ce que je leur ai demandé dès le principe, c'est de me rendre compte, en français et en latin, des faits et des pensées qu'ils avaient lus avec moi. Nous verrons plus tard combien ils se sont perfectionnés dans cet exercice, et tous les avantages qui en résultent.

Je leur faisais aussi remettre en latin les idées de leur auteur exprimées en français, tantôt d'une manière exacte, tantôt avec plus de développement ou sous une autre forme. C'était un de nos exercices les plus ordinaires, et toujours de vive voix. J'y fus amené et long-temps réduit par une raison toute particulière. Mon fils aîné était d'une constitution si frêle, que, depuis l'âge de cinq ans jusqu'à six et demi, il fut presque impossible de lui faire tenir sa plume d'une main ferme : à sept ans, il n'écrivait encore que la main soutenue par son maître. Je désirais pourtant qu'il pût s'occuper un peu pendant mon absence; et, pour cela, je lui laissais ce que nous appellions *pensum*, la tâche. C'était un morceau français d'après son *Epitome*. Il lui fallait un secrétaire : sa mère en fit l'office. Elle écrivait le latin sous sa dictée. A mon retour, il ne nous restait qu'à refaire encore plus rapidement le même travail, avec les corrections nécessaires. J'ai trouvé, dans ce genre d'exercice et dans la rapidité d'action qui en résulte pour l'esprit, un si grand avantage, que, quand même mon second fils pourrait écrire plus tôt, je me contenterai aussi long-temps avec lui de la voix et de l'oreille, sans recourir au travail lent et machinal de la main.

Après avoir ainsi vu de différentes manières l'*Epitome* tout entier, nous l'avons relu : l'enfant lui-même le relisait tout seul, ou plus souvent encore avec sa mère. Nous prîmes ensuite le *De viris* : mon fils avait six ans. Je suivis le même plan. Mais, plus nous avancions, plus je prenais de liberté dans nos traductions du français en latin. Les mots et les tournures, qu'il se trouvait avoir ajoutés à son latin de conversation, me permettaient de m'éloigner beaucoup plus du texte de son auteur. Dans le *pensum* écrit, que sa mère traduisait sous sa dictée, et dans nos autres exercices de vive voix, je mêlais souvent les idées des divers chapitres. Connaissant exactement son latin, je pouvais, au moyen des locutions et des mots que je savais être dans sa tête, le familiariser avec ceux qui étaient nouveaux pour lui.

Je vis même que je pouvais lui donner à traduire dans l'une ou l'autre langue autre chose que les faits et les pensées de son auteur. J'en profitai pour lui apprendre la mythologie, dont le besoin se fait sentir dès le début du *De viris*. S'il entre dans son esprit quelque idée vague ou fausse, ce sera bien à mon insu. Il fallait donc l'éclairer sur ces nouveaux Dieux, qui se présentaient après le Dieu de l'*Épitome*. Les idées, le latin et la sécheresse de l'*Appendix* ne me convenant pas, je lui fis, en français, et pour le *pensum* de chaque jour, une petite mythologie à sa portée, où je m'attachai à lui exposer les faits les plus saillans, et de manière à frapper son imagination d'enfant. Ce fut en même temps un amusement pour lui. Le travail ordinaire sur l'auteur latin ne continuait pas moins.

Un avantage que je me donne encore dans mon système, c'est d'éviter à mes enfans l'usage du dictionnaire. Ils n'étaient pas d'âge à s'en servir; mais, quand ils l'auraient pu, je m'en serais bien gardé. Le dictionnaire est la mort des études. Représentez-vous, dans une classe assez élevée, un élève faisant un thème ou une version de vingt lignes. Le sens propre de chaque mot et les mots à peu près correspondans de l'autre langue lui sont presque tous connus; il pourrait le plus souvent trouver chez lui ce que le raisonnement et son bon sens doivent en faire. Mais son dictionnaire est là; au lieu de chercher en lui-même, il cherche dans le dictionnaire: le dictionnaire est tout son esprit ou sa mémoire. Si quelquefois le choix à faire entre divers mots est une occasion d'exercice, plus souvent encore ceux qui se présentent sont pris au hasard par le plus grand nombre. Que de temps perdu à remuer, à feuilleter le livre, à rester lourdement fixé sur les divers exemples! Quelle activité l'esprit peut-il conserver dans ce travail? Quand on songe que c'est là le principal exercice pendant une grande partie du temps consacré chaque jour à l'étude, que le dictionnaire, le plus sec et le plus assommant de tous les livres, est celui qu'on a sans cesse et le plus feuilleté, faut-il s'étonner que tant de jeunes gens sortent des classes avec un esprit si lourd et si lent? Sans dictionnaire, leur travail actuel de deux heures ne demanderait pas une demi-heure : plus vive et plus prompte, l'action de l'esprit ne serait pas moins sûre, et, loin que le raisonnement se trouvât affaibli ou diminué, l'élève raisonnerait dix fois davantage. Ajoutez l'exercice du même genre, ou sur d'autres objets, continué pendant l'heure et demie qui resterait disponible, et surtout l'avantage plus grand encore d'éviter à l'esprit l'habitude de dormir en travaillant; c'en est assez pour concevoir tout ce qu'on devrait gagner à se passer de dictionnaire.

Je me trouvais, je le sais, dans une situation particulière. Avant d'avoir jamais rien traduit en latin, mes enfans avaient dans l'esprit un certain nombre d'expressions latines. Comme je savais exactement celles qu'ils devaient connaître, j'avais soin de n'en pas employer d'autres dans leur *pen-*

sum. A mesure que nous avancions, la collection augmentait. Bientôt même, quoique parmi les pensées à leur portée, il en restât encore beaucoup dont l'expression leur était inconnue, je n'éprouvais presque jamais d'embarras dans la rédaction des morceaux français qu'ils devaient traduire. On serait étonné, et bien à tort, de ce qu'un enfant de moins de six ans est capable de comprendre et d'exprimer en latin.

Je n'ai donc pas éprouvé avec mes deux fils les difficultés qu'on doit rencontrer avec les commençans ordinaires. Mais je n'en suis pas moins persuadé qu'au moyen de l'auteur expliqué, un maître qui saura suivre ses élèves, pourra leur éviter l'emploi du dictionnaire. On peut, d'ailleurs, s'en rapporter au besoin, le premier de tous les maîtres. Quand le dictionnaire ne sera plus là, pour favoriser la paresse de l'esprit et tenir lieu de mémoire, il se formera dans la tête un répertoire d'un usage plus commode et plus rapide : les mots s'y caseront d'eux-mêmes. Je ne verrais pas non plus d'inconvénient à suivre, sous un autre rapport, la marche de la nature. Il manque une foule de mots à un enfant de quatre à cinq ans, et, pour y suppléer, il emploie au besoin des périphrases naïves et souvent ingénieuses. Votre élève aussi sera porté à se servir des mots latins qu'il connaît, pour rendre la pensée dont il n'a pas le mot propre. Ce mot, il le saura bientôt, et il en usera de la même manière pour arriver encore à ceux dont il éprouvera le besoin. Enfin, il suffira qu'il en ait un certain nombre à sa disposition, pour que la nature, secondée par l'activité d'esprit résultant de ce genre de travail, ne le laisse presque jamais en défaut.

Sans dictionnaire, les élèves s'accoutumeront bien mieux à travailler d'eux-mêmes et à faire usage de leur esprit sur les pensées dont on les occupe. Mais alors il faudra ne leur présenter que des pensées réelles, qui soient toujours à leur portée et propres à fixer leur attention. On leur donnera pour thèmes des sujets qui en vaillent la peine, et d'où résulte autre chose qu'un exercice ennuyeux sur des mots.

Les élèves n'ont presque rien à recueillir des thèmes qu'ils font depuis la huitième jusqu'à la seconde. Pourraient-ils attacher quelque importance aux idées qu'on leur donne à mettre en latin, quand le plus souvent le professeur lui-même n'en attache aucune? Le morceau, quel qu'il soit, ne leur est dicté que pour les mots et les phrases, nullement pour la pensée. Dans la traduction, on ne considère que l'exactitude, l'élégance, la correction grammaticale. Un élève qui n'a rien compris à l'ensemble du morceau, peut mériter des éloges; il l'emportera même sur des rivaux d'une intelligence supérieure, s'il a fait moins de fautes contre la grammaire. C'est encore une conséquence de l'erreur que nous ne cesserons de signaler dans l'enseignement des langues. On ne sait pas que la nature nous les apprend, en procédant de la pensée à l'expression. Qu'arrive-t-il avec le système actuel? L'expression est tout, et la pensée n'est rien. Que devient alors l'expression elle-même?

Je voudrais qu'il y eût un ordre raisonné et bien suivi dans les sujets de thèmes. Outre l'avantage qui doit en résulter par l'exercice et l'action réelle du raisonnement, que de choses pourraient ainsi se graver sans effort et sans nouveau travail dans l'esprit des élèves! On aurait presque le temps de leur faire parcourir l'histoire entière, en y joignant les considérations propres à la faire comprendre. La géographie, l'histoire naturelle, les beaux-arts, enfin tout ce qui peut fixer d'une manière suivie l'attention du jeune homme, fournirait, à mesure que l'esprit se développe, des sujets dont le souvenir devrait rester. Qu'on ne craigne pas que l'importance de la pensée absorbe l'attention et détourne l'esprit de la langue qu'il s'agit d'apprendre. Avec la méthode actuelle, la pensée n'est rien dans le latin de l'élève, comme elle n'était rien pour lui dans le français du maître; mais, quand son latin devra signifier quelque chose, croit-on qu'il ne prendra pas mieux et plus vite l'habitude du vrai latin? La difficulté, dans la pratique, proviendrait des maîtres eux-mêmes. Il en est bien peu qui soient capables de faire ce que je demande ici, ou, quand ils le pourraient, de s'astreindre au travail que ce système exige. Nous serions presque conduits à l'établissement d'un centre, d'où, par un travail unique, le travail de chaque mois serait successivement déterminé pour tous les collèges de France.

Cette observation sur le défaut de pensée et d'ordre pourrait également s'appliquer à la version. Le but de ces morceaux dictés, qu'on donne à traduire séparément des auteurs attribués à la classe, devrait être d'accoutumer les élèves à la différence des styles, et de leur faire connaître, par extraits, les écrivains qu'on n'a pas le temps de leur expliquer autrement : mais, le plus souvent, on ne leur dit pas même à quels ouvrages ces morceaux sont empruntés, et il règne entre eux un tel désordre, qu'il n'en peut rester aucun souvenir au bout de l'année.

Combien de temps les élèves emploient à travailler sans rien faire ! Je ne parle pas seulement des devoirs qu'ils font seuls, en silence, et, la plupart, avec une insouciance que rien ne réveille. Comment se passe le temps spécialement consacré à l'enseignement, le temps des classes ? On le voit déjà par ce qui précède ; mais considérons la chose sous un autre rapport.

Le but principal est d'enseigner le latin: c'est une classe de latin qu'on fait aux élèves. Mais, ce qu'il y a d'extraordinaire, c'est que le latin n'occupe en réalité qu'une faible partie de la classe. Il s'y trouve étouffé sous le français qui l'accompagne, sans profit pour celui-ci. La correction des devoirs et les observations qui s'y joignent, les questions et les réponses se font en français. L'explication des auteurs a également lieu dans notre langue; le mot-à-mot d'abord, c'est-à-dire, ce qui n'est ni français ni latin ensuite ce qu'on appelle le français. Croit-on qu'il reste beaucoup de place aux mots latins, qu'il y ait même un quart du temps consacré aux sons et aux formes, dont on veut donner l'intelligence et l'usage aux élèves? C'est surtout par l'oreille que les langues s'apprennent à cet âge, et pourtant, ce moyen, le premier, le plus simple et le plus puissant de ceux que la nature et la raison fournissent, est presque écarté ou du moins réduit à peu de chose.

Je ne prétends pas exclure le français de la classe; mais, quand il s'agit du latin, je voudrais que l'oreille, comme l'esprit, fût presque entière au latin: le français ne s'y mêlerait que par nécessité et le moins souvent possible. Nous lui donnerions sa place distincte, et il ne s'en trouverait que mieux, comme j'espère le démontrer plus tard. Mon observation ne porte maintenant que sur

l'explication des auteurs, et sur l'abus qu'on y fait
du français.

Voici d'abord le procédé que je suis avec mes
enfans. Ce n'est qu'au moyen du français que je
pouvais, dans le principe, m'assurer qu'ils avaient
compris le latin que nous lisions. Depuis l'âge de
sept ans et demi, mon fils aîné peut m'en rendre
compte en latin, et le plus souvent je lui en fais un
moyen d'exercice. Cependant, comme il faut aussi
qu'il apprenne à connaître les mots correspondans
des deux langues, le français nous reste souvent
indispensable; mais nous ne faisons pas le mot-à-
mot. S'il se rencontre un mot nouveau, les autres
aident à le comprendre et à trouver le mot français ;
si celui-ci ne se présente pas, je le dis moi-même,
ou, s'il n'existe pas, j'explique la pensée par une
périphrase latine ou française. Quant à la phrase,
elle se rend en toute liberté. Pourvu qu'il y ait pour
moi certitude que le sens exact est saisi, je suis satisfait: je ne demande même aucune explication,
quand je suis sûr que la pensée et tous ses détails
sont compris à la simple lecture. Cela m'arrive
maintenant avec mon fils aîné pour des morceaux
entiers: avant l'âge de huit ans, il lui suffisait de
lire une fois ou même d'entendre des récits assez
étendus de Justin, de Cornélius Nepos et de
Quinte-Curce, pour me les rendre aussitôt en
latin, avec une exactitude étonnante.

L'inconvénient du mot-à-mot n'est pas seulement de n'être ni latin ni français ; c'est encore, en faisant ce qu'on appelle la construction, de ramener à chaque instant le latin au génie de notre langue usuelle, et d'accoutumer l'enfant à ne voir dans la phrase latine qu'un désordre de mots. Il y a des jeunes gens qui, leurs études terminées, ont encore besoin de remettre les mots latins en ordre français. Dans la plupart des cas, c'est une véritable déconstruction, c'est-à-dire, destruction ; et voilà pourtant comme on explique depuis la huitième jusqu'à la rhétorique !

Je sais, par l'expérience faite sur des enfans de cinq ans, que la phrase latine, dans sa forme primitive et naturelle, présente à l'esprit qui connaît les mots dont elle se compose, un sens qu'il saisit toujours, à moins que la pensée ne soit pas à sa portée. Accoutumez donc l'élève à comprendre la pensée, comme elle était dans l'esprit de l'écrivain, comme elle est dans la langue qui nous l'exprime. Si quelquefois l'ordre des mots est indifférent, bien souvent aussi il en résulte des nuances et un effet que ne sentira jamais celui dont l'habitude est de ramener la phrase à l'ordre de notre langue. Il est vrai que, dans ce genre d'explication, on ne songe pas beaucoup à la pensée ; c'est surtout du latin qu'on s'occupe ; mais que devient le latin lui-même, quand il faut que l'élève trouve une phrase française dans la phrase latine?

On est tellement dominé par cette habitude, qu'il n'arrive jamais, dans les classes, de lire un morceau latin, sans s'arrêter après chaque phrase, pour accoler à chaque mot son correspondant français, ou tout autre, s'il n'en a pas. Les élèves, au bout de sept ou huit ans d'études, n'ont presque jamais entendu ou prononcé à haute voix d'autres morceaux purement latins, que ceux qui sont récités en leçons, et l'on sait de quelle manière. Ils ont à peine l'idée qu'on puisse lire du latin autrement qu'ils ne l'ont fait jusqu'alors: la plupart même ne pourraient guère voir seuls que ce qu'ils ont expliqué durant leurs études. Et qu'ont-ils expliqué? Le calcul est facile: une page de trente à quarante lignes ou vers par classe, c'est beaucoup; quatre cents classes par an, c'est à peu près le nombre ordinaire: nous avons au plus la valeur d'un volume. Les élèves, après leurs études, ne connaissent pas six volumes entiers d'auteurs latins. Bien plus, la manière dont ils les ont expliqués, et l'habitude qu'ils ont prise de n'en rien comprendre sans le français, font qu'ensuite il ne leur vient pas même à l'esprit de lire ceux dont les noms leur sont à peine connus. Demandez aux trois quarts des professeurs eux-mêmes ce qu'ils lisent, ce qu'ils ont jamais lu des auteurs principaux de la langue qu'ils enseignent.

Supposons qu'au lieu de s'arrêter à l'explication française, on s'attache à la pensée latine, en se bornant à expliquer, dans l'une ou l'autre langue, les mots qui présentent quelque difficulté, et de manière qu'une seconde ou troisième lecture offre à l'esprit un développement qu'il conçoive dans sa forme primitive et sans aucun mélange (cette supposition est une réalité pour moi avec mes deux fils) : croit-on que l'élève ne se pénètre pas mieux de la pensée, qu'il n'en comprenne pas plus complètement l'expression, qu'il ne sente pas mieux le latin ? On lui fera lire, de jour en jour, des morceaux plus étendus et plus nombreux : par la répétition des sons qui frapperont sans interruption son oreille, et par la vue continuelle d'un plus grand nombre d'expressions et de tournures, n'en devra-t-il pas rester beaucoup plus dans sa mémoire ? De plus, j'ose garantir que de là résultera l'habitude de lire les auteurs latins sans explication. Au moment où j'écris ces lignes, mon fils est à mes côtés, lisant son Cornélius Nepos, et y trouvant assez de plaisir pour demander à continuer sa lecture. Il a sept ans et huit mois.

CHAPITRE VI.

*Importance des Langues anciennes. Dangers
qu'elles courent, à moins d'une réforme.*

En voyant comment les langues anciennes s'apprennent et le peu d'usage qu'on en fait hors des classes, leurs partisans les plus raisonnables ont été conduits à ne les considérer que comme un moyen d'exercice pour l'enfance et la jeunesse. Il leur suffit que, dans ses études, le jeune homme ait appris à apprendre. Ce qui a dû faire naître cette idée, c'est qu'en effet ceux qui se contentent de ce qu'ils ont appris dans les classes, savent peu ou savent mal ; et, s'il en est qui possèdent ensuite des connaissances réelles et positives, ils ne les doivent qu'aux études qu'ils ont refaites. Les autres ne restent que des hommes du commun : tout le fruit qu'ils ont recueilli des travaux de leur première jeunesse, est de connaître un peu mieux le français par l'usage plus fréquent qu'ils ont fait de leur plume. La plupart ne voient même que ce dernier avantage dans l'étude des langues anciennes : on ne les apprendrait que pour mieux savoir sa langue. Si c'était là notre seul but, j'avoue que je ferais bon marché du grec et du latin. La lecture assidue et raisonnée des ouvrages constitutifs de notre littérature donnerait plus vite une instruction au moins aussi complète, et s'il en est du français comme de la plupart des choses qu'on ne peut bien savoir que par comparaison, l'étude plus facile d'une langue moderne produirait encore l'avantage d'en apprendre une dont on pourrait faire usage. Parmi les femmes qui ont reçu une éducation assez soignée, la plupart ne parlent-elles pas un langage plus pur et bien autrement approprié à la pensée, que cette foule d'hommes, dont l'enfance s'est lourdement traînée sur sept ou huit années de latin? S'il est quelquefois besoin de remonter à l'antiquité pour comprendre l'origine des idées ou des usages modernes, les traductions ne manquent pas, et nous trouverions dans notre langue une foule d'ouvrages, où les temps anciens sont retracés avec leurs idées, leurs mœurs et leurs coutumes.

Mais nous avons un but bien plus élevé. Il ne faut pas croire que quatre ou cinq siècles se soient arrêtés et posés pour si peu de chose sur cette unique base d'instruction. Une pensée ne règne pas si long-temps, sans qu'il n'y ait accord entre elle et l'époque qui s'y soumet.

L'humanité se divise, pour nous, en deux mondes, l'antique et le moderne. Ils ont chacun leur génie; mais le moderne a eu sur l'antique l'avantage de trouver dans celui ci une base à ses travaux et ses progrès. Si tous les souvenirs de la Grèce et de Rome avaient disparu dans les té-

nèbres qui nous en séparent, notre monde intel-
lectuel ne serait pas ce qu'il est aujourd'hui. Mais,
au point où nous sommes parvenus, le génie moderne ne pourrait-il pas désormais se passer du
génie antique? Ce serait efféminer notre virilité.
Il y a, dans la pensée et l'action antiques, un caractère de force et de grandeur, une verdeur originale
et distinctive, dont l'étude ne sert pas seulement à
nous faire mieux comprendre par comparaison
notre état actuel, mais plus encore à empreindre
nos cœurs et nos esprits de sentimens et de pensées dont l'absence rendrait pour nous l'humanité
moins complète. Les nations et les siècles se ré-
sument en quelques hommes qui en ont été
l'expression vivante par leurs actions ou leurs
pensées. L'histoire ou leurs ouvrages nous les retracent; mais, si l'on veut les y comprendre tels
qu'ils furent, et se pénétrer des sentimens et des
idées qui sont encore leur vie, le plus sûr et le seul
moyen est de se familiariser avec eux dans leur
langue. Le caractère des grands écrivains et des
personnages historiques porte l'empreinte de la
langue où il s'est produit et manifesté. On ne peut
donc étudier les temps qui, pour nous, ont pensé
et agi par eux, que dans la langue même qu'ils ont
parlée : autrement, on n'aura que la superficie, une
image vaine et sans durée.

Sous le rapport de l'art, la question n'est pas

moins importante. La Grèce et l'Italie offrent aux modernes un type qu'ils chercheraient vainement ailleurs. Qu'on nous cite deux nations aussi grandes par les langues qu'elles ont parlées et par l'assentiment des autres peuples aux chefs-d'œuvre qu'elles ont produits! Ces deux langues, le grec surtout, où le latin a puisé des beautés toutes faites, semblent avoir été formées pour la révélation du vrai et du beau. Nous l'y trouvons dans cette pureté qui le rend sensible à tous, et sous toutes les formes que peut revêtir la pensée.

Bien plus, nos deux ou trois derniers siècles ne peuvent être compris sans la connaissance de l'antiquité, dont le mélange avec le christianisme et le moyen âge a constitué l'esprit de nos pères, perfectionné notre langue, et inspiré la plupart de nos chefs-d'œuvre. Supposez que, l'étude du grec et du latin cessant aujourd'hui, les deux ou trois générations prochaines laissent ces deux langues ensevelies avec tant d'autres; l'époque la plus brillante de la nôtre ne se trouvera-t-elle pas obscurcie par l'oubli et la destruction du foyer d'où la lumière a jailli sur elle?

L'intérêt de l'humanité tout entière se trouverait compromis: car la perfectibilité indéfinie de l'homme ne peut se concevoir, et, à plus forte raison, se réaliser que par les résultats superposés de tous les âges. Dans cette pensée, pourrait on se réduire à ne faire commencer l'étude du passé qu'aux deux ou trois derniers siècles? Ce divorce avec l'ancien monde formerait un vide que les siècles suivans auraient peine à combler.

Les progrès de l'humanité dépendent aussi de l'accord des nations; chacune d'elles, marchant séparément, irait moins vîte et moins loin. Il est donc important qu'il y ait une source commune où toutes viennent puiser, un centre d'où elles partent avec des idées également sûres et vraies. C'est un des principaux avantages de l'étude presque universelle du grec et du latin. Si ces deux langues étaient délaissées, s'en retrouverait-il une autre où toutes les nations, parlant des langues diverses, se rencontrassent dans une égale intelligence du vrai et du beau, et d'où résultât, comme aujourd'hui, cette communauté de pensées littéraires et philosophiques qui lient les diverses parties de l'Europe entre elles?

Mais, quelle que soit l'importance d'une institution, si son existence dépend du concours volontaire des individus, elle court de grands risques, à moins que chacun n'y trouve pour soi-même un avantage clair et positif. Un père ne fera pas apprendre le latin à son fils dans l'intérêt général et pour la plus grande gloire de l'humanité: il ne verra que l'avenir de l'enfant. Les colléges regorgeaient d'élèves, quand le latin ouvrait la carrière

toute faite et si facile du sacerdoce et de l'opulence :
l'immense majorité des étudians n'avait pas d'autre
but. Mais, aujourd'hui, quels avantages promet au
plus grand nombre l'étude des langues anciennes ?
On est déjà réduit à en imposer l'obligation aux
professions de juge, d'avocat et de médecin. Il
reste bien encore l'opinion assez généralement ré-
pandue, que les études classiques développent
l'esprit, et créent au jeune homme un avenir de
supériorité sur ceux qui ne les ont pas faites. Mais
ce n'est vrai que pour le plus petit nombre. La
majorité des élèves est loin d'en recueillir les fruits
qu'on s'en promet pour eux. Dans un siècle tout
positif, et qui n'est que trop porté à apprécier les
choses par leur utilité matérielle, il est impossible
que les langues anciennes, apprises comme elles le
sont, ne finissent par tomber en discrédit. Que
d'accusations se sont déjà élevées contre elles! Il ne
faut donc pas se déguiser le danger qui menace
un genre d'instruction si vaste et si fécond. A
moins d'une réforme qui en rende l'avantage évident
pour tous, et d'où résultent des connaissances
moins vagues, plus sûres et plus nombreuses, les
langues anciennes cesseront d'être la base des
études.

Il restera toujours des hommes dont l'érudition
conservera les souvenirs de l'antiquité. Mais ce
n'est pas là ce que nous demandons. Il faut que le

monde antique continue de se fondre dans le monde moderne, et cela ne peut avoir lieu qu'autant que les langues dans lesquelles il a pensé et agi seront la base de l'enseignement. Je dis la base, car je suis loin de croire que l'instruction doive se borner, comme autrefois, à la connaissance des langues anciennes : elle se composera de bien d'autres parties, et de choses mêmes qu'on ne trouve guère le temps d'apprendre aujourd'hui, dans les huit ou dix années consacrées à l'étude imparfaite du grec et du latin. Dans la réforme que je conçois, je voudrais arriver à la connaissance réelle de l'antiquité, par un procédé mieux raisonné, et qui occupât l'esprit de choses et non pas seulement de mots. Il ne suffira plus que, dans ses études classiques, le jeune homme ait appris à apprendre : il y joindra l'avantage d'avoir appris, avec les langues anciennes, l'antiquité elle-même et les choses les plus indispensables à l'homme des temps modernes.

CHAPITRE VII.

Base et Matière de notre Enseignement, dans les premières années.

Dans mon système, l'étude du grec et du latin n'exige pas moins de temps qu'aujourd'hui. C'est une erreur de croire qu'une langue s'apprenne en deux ou trois années : on en saura les mots usuels et les tournures les plus ordinaires; on lira même avec quelque facilité des écrivains assez forts ; mais ce n'est pas là ce que j'appelle savoir une langue.

De l'action réciproque de la langue et de l'esprit, il résulte, dans chaque individu, une manière de parler conforme à son genre de pensée et de caractère : chacun a la sienne. Cette vérité s'agrandit et devient encore plus sensible quand on l'applique aux nations. Nous ne dirons plus seulement comme Buffon : le style est l'homme même; nous irons plus loin: la langue est la nation elle-même. Elle est, pour ceux qui la parlent, une forme de pensée distincte de celle des autres peuples. Il faut presque que nous renoncions à la nôtre, que nous forcions notre nature, pour la comprendre et la parler comme ceux dont elle est l'expression naturelle. Malheur à celui qui le tente hors de cet âge où

la nature n'a pas encore pris tous ses plis, et où
l'esprit se prête si facilement aux nouvelles impressions ! Que de choses, dans une langue, que
de nuances, dont la délicatesse échappe à la première vue, et ne peut être saisie qu'a la longue et
par un œil exercé ! Le langage d'une personne que
nous voyons sans cesse, l'expression même de ses
yeux, de ses traits, de ses gestes, nous révèle des
sentimens et des idées que, sans cet usage journalier,
nous ne démêlerions pas dans son ame. Il en est
de même d'une nation dont la vie intellectuelle
est pour nous dans les écrivains où elle respire,
et qui nous l'ont conservée. Il faut nous faire à
la langue de chacun d'eux, et par eux à la langue
même de la nation : ce n'est qu'un usage constant
et presque habituel qui nous donnera, avec elle,
cette intime familiarité à laquelle rien n'échappe.

Les études classiques nous laissent bien en
arrière de ce résultat. Dans leur marche si lourde
et si traînante, elles n'effleurent que quelques parties du petit nombre des écrivains dont elles ont
consacré l'usage : les noms des autres y sont à
peine connus. Je voudrais qu'on les eût lus presque tous ; et, pour une œuvre si étendue, je ne
demande pas moins de temps qu'on n'en sacrifie
maintenant à voir si peu de chose. L'âge et l'ignorance de nos commençants ne permettraient pas
d'abord une lecture assez facile, assez soutenue

ce ne serait pas trop de trois ou quatre ans pour les y préparer. Mais cette première partie des études n'en serait pas moins utile en elle-même, et par ses résultats séparés.

Beaucoup d'esprits sages voudraient ne faire commencer le latin que vers l'âge de douze ans. Ils ont pleinement raison, si l'on considère le genre d'idées dont on fait la base de l'enseignement : car la méthode actuelle suppose, dès le principe, une intelligence déjà formée. On proposerait donc de préparer les enfans à l'étude du latin par celle du français. Mais nous retombons alors dans les mêmes inconvéniens : ce serait encore une étude purement grammaticale, qui n'est pas beaucoup moins au-dessus de cet âge dans la langue maternelle que dans toute autre. Il y prendrait également l'habitude des mots et des non-sens, ce fléau dont il faut préserver l'enfant, si l'on veut que l'homme fait n'en soit pas atteint.

Dans mon système, plus les enfans commencent jeunes, plus le succès est assuré, plus il est facile de leur donner l'habitude de la pensée et de l'expression latines. Il faut, pour cela, ne leur offrir que des idées et des mots à leur portée : j'exclus tout ce qu'ils ne doivent pas comprendre. La seul difficulté est de trouver un genre de pensées dont l'intelligence soit toujours aussi sûre et aussi facile.

Il est une foule de choses que les enfans saisissent dès le principe et sans peine, avec les sentimens qui en découlent. Ce sont les faits. J'en ai eu mille fois la preuve dans les récits français ou latins, que je faisais à mes deux fils âgés de moins de cinq ans, et qu'ils me rendaient dans l'une ou l'autre langue. En général, rien de plus facile que l'intelligence d'un fait : c'est la raison qui, dès les temps les plus anciens, a fait inventer l'apologue, ce moyen simple et clair de mettre une vérité morale à la portée des esprits faibles ou peu développés.

Les choses d'action sont la base, la matière et le moyen de mon enseignement. Par là, les mots auront toujours un sens pour mes élèves ; ils ne leur offriront que des pensées réelles. Mais, ces pensées, je veux les choisir et les ordonner, de manière qu'il en résulte autre chose que la connaissance des mots qui les expriment : je veux qu'elles restent. Ce sera l'histoire elle-même.

Mon but, dans les premières années, est d'enseigner le latin par l'histoire et l'histoire par le latin. L'histoire ancienne se prête assez bien à mon dessein. Tenant plus compte des impressions que des causes, elle parle davantage au cœur et à l'imagination, qu'il suffit d'émouvoir ou de frapper, pour en être compris ; tandis que l'histoire moderne, qui s'attache à pénétrer dans la raison des choses, exige souvent une force d'esprit que des enfans ne peuvent avoir.

Mais, parmi les histoires de l'antiquité, en trouverons-nous qui soient bien à la portée d'enfans que je suppose avoir au plus huit à dix ans? Quelques-unes pourraient l'être par les pensées : avec de légers changemens, la plupart des faits qu'elles présentent seraient facilement compris en français; mais certaines formes essentiellement propres au latin les rendent moins accessibles à l'élève qui commence. Il s'agit d'apprendre une langue à des enfans qui ont déjà, dans celle qu'ils parlent, l'expression usuelle des idées fondamentales : elles sont presque toutes constatées dans leur esprit par des mots et des locutions dont il est presque impossible de les séparer. C'est ce qu'il ne faut pas perdre de vue. Le seul moyen d'être bien compris dans le principe, sera de leur présenter en latin des pensées qui, sans cesser d'appartenir à cette langue par l'expression, se trouvent, sous ce dernier rapport, assez rapprochées de la nôtre. On leur fera, par ce moyen, une certaine provision de mots et de tournures, avec laquelle on les lancera plus tard dans les parties moins accessibles; et là, recourant moins souvent au français qui les égarerait, ils prendront, par l'habitude des pensées latines, celle des formes qui leur sont propres, et qui leur donnent et tirent d'elles un caractère particulier.

Conçu dans cet esprit, le livre dont nous avons besoin ne peut être qu'une œuvre moderne. Nous aurons alors la liberté d'en choisir le sujet et de l'adapter à notre but. Ce livre existe à peu près tel que je le désire, sous le double rapport du latin et de l'histoire. C'est l'*Epitome historiæ sacræ*. J'y voudrais seulement ajouter quelques détails, et les faits principaux du Nouveau-Testament. Si, par son époque, il n'appartient pas à l'ancienne langue, sa latinité, plus rapprochée du français, sans cesser d'être correcte, n'en vaut que mieux pour l'usage que nous voulons en faire ; et, de plus, nous y trouvons l'avantage de commencer par l'histoire sainte l'instruction de notre élève.

CHAPITRE VIII.

Première Année.

Je mets l'*Epitome* entre les mains d'un enfant de huit à dix ans. Nous expliquons les premiers chapitres : la création d'abord, puis l'histoire d'Adam et d'Eve. Les faits et les détails sont de ceux qu'un enfant saisit aussitôt. Pour en pénétrer son esprit, il me suffira d'une causerie française, où, sans avoir l'air de songer aux mots latins, je lui en représenterai le sens exact sous divers aspects. Je l'occuperai d'abord de la pensée. Après une nouvelle explication, je lui ferai relire le texte à diverses reprises et d'une voix claire et distincte, de manière qu'à son ton même je puisse m'assurer que la pensée est comprise. Enfin, les mêmes idées, exprimées en français sous une forme qui réponde exactement à la forme latine, le ramèneront aux mots latins qu'il retrouvera dans son esprit et de mémoire.

On connaît déjà l'exercice que je substitue à la manière ordinaire d'apprendre les déclinaisons et les conjugaisons. Avec les trois ou quatre premières pages de l'*Epitome*, nous pouvons commencer cette étude pratique des formes les plus usuelles, et, pour ainsi dire, du matériel de la langue. Les désinences des noms et des verbes, présentées partout avec leur sens réel, se rattacheront d'elles-mêmes, dans l'esprit de l'enfant, aux règles de la raison, dont il a la conscience, ou du moins un instinct si pur et si vrai.

Ce ne sont pas des thèmes que je lui donnerai d'abord ; mais, la causerie française, qui a suivi la première explication, je la renouvellerai en latin d'une manière si simple, qu'il devra reconnaître sous d'autres formes les mots qu'il connaît déjà. Pour m'en assurer, et pour maintenir son attention, je lui demanderai quelquefois le français du latin que j'aurai fait. Les rapports les plus fréquens, les nuances les plus ordinaires de la pensée, se retraçant dans les changemens que les mots déjà connus éprouveront, chaque désinence se liera par la pratique aux rapports et aux nuances qu'elle exprime. C'est ainsi que les enfans apprennent si vîte et si exactement toutes les variétés de la langue maternelle. Notre procédé est celui de la nature.

Après l'histoire d'Adam et d'Eve, nous expliquons celle de Caïn et d'Abel, ayant toujours soin d'offrir à l'esprit des morceaux complets, qu'il s'habitue à comprendre dans leur ensemble. Chaque fois que nous aurons ainsi vu un récit entier, ou, du moins, s'il est trop long, une partie assez distincte, nous nous arrêterons, pour faire le même travail sur les pensées, et au moyen des pensées, sur les mots. Cet exercice deviendra de plus en plus facile. Bientôt même l'élève pourra traduire en latin les mêmes choses tournées autrement, le plus souvent de vive voix, et quelquefois par écrit, mais toujours sans dictionnaire. Enfin, nous arriverons à lui faire redire chaque fait, non pas seulement de mémoire, mais à sa manière et avec son propre latin. Ce ne sera d'abord qu'un récit abrégé; mais peu importe, pourvu que le principal s'y trouve. Il suffit d'être sûr que la chose même et les détails les plus importans ont été saisis; les accessoires doivent l'être aussi, ou le seront bientôt dans une nouvelle lecture. L'élève se fera à cet exercice bien plus vite et plus complètement qu'on ne le croirait. J'en juge par mes enfans, dont le cadet me rendait, âgé de moins de cinq ans, tout ce qu'il avait lu dans son *Epitome*, et avant l'âge de six ans, des histoires du *De viris* composées de plusieurs chapitres.

L'*Epitome* tout entier peut être ainsi vu dans l'espace de cinq ou six mois, et fournir une ample matière à tous nos exercices de latinité.

Mais, en même temps, nous aurons occupé notre élève des faits et des personnages. Les sentimens d'admiration, de pitié, de haine, de mépris ou de simple curiosité, qui naissent du récit, ou que nous aurons fait naître, achèveront de les graver dans son ame. Rien ne nous empêche, dans une seconde ou troisième lecture de l'ouvrage, de développer les actions les plus importantes, et d'y ajouter quelques-uns des faits curieux omis dans l'abrégé, de manière qu'il en résulte une connaissance assez étendue de l'histoire sainte.

Ces développemens ne peuvent, d'abord, être donnés qu'en français ; mais, à mesure que l'élève avance, le maître, qui connaît sa portée d'expression latine, lui en fera des sujets de thêmes, où se placeront, avec les mots déjà bien connus, ceux qui ne sont pas encore aussi familiers, ou qu'il croira devoir donner lui-même. Les pensées et les détails ajoutés au texte primitif deviendront ainsi un moyen d'exercice pour la langue. Nous irons sans cesse du latin aux faits et des faits au latin.

En suivant cette marche, l'élève n'aura pas seulement saisi la forme extérieure de la langue, ce que les yeux ou l'oreille peuvent en mettre dans la mémoire, sans la coopération de l'esprit ; mais l'action de l'esprit aura, pour ainsi dire, fait passer dans sa nature la variété des formes, qui se lient aux diverses nuances de la pensée. Je ne prétends pas qu'il observera toujours les règles : c'est impossible : mais, sous ce rapport même, il sera d'une certaine force relativement au temps consacré au latin, surtout si l'on tient compte des tournures et des locutions qui lui seront devenues naturelles, et que, par la méthode ordinaire, il n'aurait apprises que fort tard et peut-être jamais.

Enfin, ce qui n'est pas moins important, il aura acquis, sur l'une des parties fondamentales de l'instruction nécessaire au chrétien, des idées nettes et nombreuses, résultant de faits curieux et faciles à comprendre. Si, au bout d'une année d'études, il renonçait au latin, comme il n'arrive que trop souvent, les pensées dont on l'aurait occupé, et l'histoire qu'il aurait apprise, ne laisseraient pas dans son esprit le même vide que les termes grammaticaux et les vains mots dont on emplit la mémoire des commençans. Son temps n'aurait pas été perdu.

Cependant, mon intention n'est pas, comme on l'a déjà vu, d'exclure la grammaire de notre enseignement. Une preuve de l'importance que j'attache à cette partie essentielle des connaissances humaines, c'est que j'en réserve l'étude spéciale pour un âge digne de la comprendre. Mais, en même temps, je ne porte pas l'esprit de système assez loin, pour en proscrire absolument l'usage avant cette époque. Parmi les termes grammaticaux, il y en a qui sont clairs par eux-mêmes, et dont l'emploi doit faciliter la communication réciproque du maître et de l'élève. Ainsi, rien de plus simple que l'idée de *genre*, fondée sur la distinction des sexes. On peut amener l'élève à l'observer, et des mots lui deviennent alors indispensables pour l'exprimer. Il arrivera de même à la connaissance des *nombres*

et de leurs noms. Il ne serait pas même impossible
de lui faire ainsi distinguer les diverses parties du
discours. Mais aucun des mots qui les désignent
ne lui sera présenté *à priori* : il faut attendre que
son esprit soit pénétré de la chose. Qu'on se garde,
surtout, de lui donner la définition de la plupart
de ces termes : il n'en a pas besoin. Chacun d'eux
lui est devenu nécessaire pour constater une observation, une distinction, qu'il a, pour ainsi dire,
faite de lui-même, et dont le sentiment est dans
son ame. Rapportez-vous en à ce raisonnement
tacite, si sûr et si prompt, qui le plus souvent se
perd et cesse d'agir au milieu de toutes les défini-
tions et démonstrations que l'enfant ne peut comprendre. Il n'y a presque pas de terme grammatical
qu'on ne puisse ainsi faire apprendre par l'usage,
et quand l'occasion s'en présente: mais nous y
mettons une condition : c'est qu'on en fasse rarement le fondement ou le but de la leçon.

Que le maître ne perde pas de vue les observations que nous avons faites sur les inconvéniens
de la méthode virile, c'est-à-dire, de la synthèse,
appliquée à l'enfance. Sa principale étude sur lui-
même sera de combattre son propre penchant,
pour se conformer au genre d'esprit de cet âge,
où les langues s'apprennent sans méthode apparente. Quand, par l'exercice et l'usage, quand, par
une analyse toute naturelle, les choses se seront

mises séparément dans l'esprit de l'enfant, alors seulement le maître pourra, s'il le juge à propos, lui présenter le mot ou la règle, qui, de toutes ces vérités particulières, lui fera une vérité une et aussi claire dans sa généralité, que chacun des détails qui l'y auront conduit. Ce sera, quelquefois, un moyen de le confirmer dans l'habitude qu'il en aura prise.

Un autre devoir que notre méthode impose au maître, c'est de tenir sans cesse en action l'esprit de ses élèves. Il ne les abandonnera presque jamais à un travail isolé.

Les enfans de cet âge sont par eux-mêmes incapables d'une attention soutenue et d'une longue réflexion. L'exiger, c'est forcer la nature. On peut en juger par la mobilité de leurs pensées et de leurs désirs. Quelle que soit leur volonté d'attention, qui peut répondre qu'un mouvement de leur corps, de leur plume, une bagatelle, le moindre bruit, ne la détourne ? **Le** mal qui en résulte est moins encore la perte du temps, que le défaut de suite et de fixité dans les idées. Mais cette légèreté si funeste aux progrès de l'enfance n'a d'autre source que le besoin d'action qui caractérise cet âge. Ne pourrions-nous pas profiter de ce besoin de l'enfant, pour lui donner, par une occupation continue, sans être forcée, la plus importante de toutes les habitudes, celle de l'attention ?

Je veux, pour cela, que le maître n'abandonne presque jamais son élève à lui-même. Il y aura sans cesse
entre eux échange et communication d'idées et de
paroles. Le latin et le français consisteront moins,
pour l'enfant, dans les mots écrits que dans les
sons articulés. Le travail de la plume sera plus
rarement nécessaire. Avec cette rapidité d'action, et
grâce à son raisonnement presque instantané, il
comprendra et traduira beaucoup mieux de vive
voix qu'en silence. C'est une expérience facile à
faire dans l'une et l'autre langue : j'en garantis le
succès. Pendant le temps qu'il aurait employé à
traduire seul une douzaine de lignes, on lui fera
mettre en latin ou en français la valeur de plusieurs
pages. Mais l'avantage le plus important, ce sera,
quelque soit le travail, de tenir son esprit occupé
de choses, son oreille et sa langue de sons et de
paroles, ses yeux même, s'il le faut, de mots
écrits sur le tableau, sans qu'il résulte de cette
action l'ennui, les distractions ou l'affaissement
d'esprit qu'éprouve un enfant contraint de rester
en silence, et des heures entières, collé à son pupitre,
sur son cahier, son dictionnaire et sa grammaire.

Le moment viendra de le faire travailler seul ;
mais, tant qu'il en est incapable par son âge, en
le livrant à sa faiblesse naturelle, on s'expose
à l'en rendre incapable pour toujours. C'est au
maître à maintenir, à soutenir son esprit ; et, grâce

à lui , cette activité de l'enfance, qui n'est qu'une éternelle distraction , d'où résultent souvent l'incapacité et l'inaction , deviendra pour la vie tout entière le principe d'une activité réelle et soutenue.

Je voudrais huit heures de travail par jour : six heures suffiraient peut-être. Les élèves en ont dix aujourd'hui, les classes et les études réunies. Nos six ou huit heures s'écouleraient rapidement , l'esprit de l'enfant étant toujours occupé et son attention soutenue sans fatigue. Il y aurait, d'ailleurs, nécessité de distribuer le travail avec des intervalles de repos assez longs , pour que le maître pût y suffire. L'élève trouverait aussi un délassement dans cette variété d'exercices et de mouvemens, qui caractérise notre méthode , et que nous allons encore accroître. Car mon intention n'est pas de nous renfermer toute l'année dans les faits, les idées et le latin de l'*Epitome*.

Après la première lecture de l'*Epitome*, c'est-à-dire au bout de cinq ou six mois, on peut faire voir aux enfans quelques fables latines. Phèdre est bien plus à leur portée que Lafontaine. Nous avons dit le plaisir que mon fils, âgé de cinq ans, goûtait à la lecture des quinze ou vingt fables qu'il avait comprises avec tant de facilité. Il y en a quarante ou cinquante au moins, que des enfans de huit à dix ans pourraient aisément expliquer avec le secours du maître. Une fois comprises , et souvent relues, répétées, racontées même avec variété d'expression et de développement, elles deviendront de plus en plus claires, et formeront une nouvelle source de mots et d'excellente latinité.

On exclura les prologues, les épilogues, et les fables où l'action disparait dans le développement moral. Il faudrait même, le plus souvent, omettre l'affabulation qui précède ou suit le récit. Toutes ces généralités, si simples et si claires pour nous, ne signifient presque rien pour l'enfant, lors même qu'il en a compris les mots. Cet âge n'est frappé que des faits. Or, au fond de chaque fait, il se trouve un sens moral, qui, sans être exprimé séparément, devra presque toujours produire l'effet qu'en attend le fabuliste. Ce résultat d'action doit suffire : gardons-nous des froides explications, dont l'inconvénient n'est pas seulement d'ennuyer les enfans, mais de les accoutumer à lire ou entendre sans voir ou sentir.

C'est encore un des vices de l'enseignement ordinaire. Je ne parle plus ici seulement des commençans ; car ce défaut d'aptitude aux considérations générales se prolonge beaucoup plus qu'on ne le croit. Combien d'élèves sont condamnés à dormir sur des traités excellens, le *De senectute*, le *De amicitiâ*, le *De officiis*, et d'autres encore ! Arrêtons-nous au recueil qu'ils ont d'abord et le plus long-temps entre les mains, au *Selectæ è pro-*

fans. Je n'en nie pas le mérite; mais, excepté quelques-uns des exemples cités à l'appui de la partie morale, cet ouvrage ne convient qu'à des jeunes gens de quinze ou seize ans. La preuve que, dans la composition de ce recueil, l'auteur ne tenait aucun compte de l'antipathie de l'enfance pour les idées purement morales, c'est que la première partie, excellente d'ailleurs, est précisément la plus ennuyeuse pour les élèves, celle où il se trouve le moins de faits. C'est un de ces ouvrages, sur lesquels les enfans qu'on veut occuper de pensées, s'en dégoûtent et apprennent à ne pas penser.

Je n'occuperai d'abord mes enfans, je ne nourrirai leur esprit que de faits et des conséquences générales qui en découleront d'elles-mêmes, sans jamais avoir l'air de faire de celles-ci le point principal; et, avec le temps, je n'en doute pas, le sentiment moral, mis sans cesse en action par une foule de faits bien compris, sera plus fort et mieux établi chez eux, sans que leur esprit ait rien perdu de cette activité du jeune âge, que nos études actuelles émoussent presque toujours.

L'aptitude de l'enfance à saisir les choses de fait nous conduit, dès le principe, à une autre partie de l'enseignement, qui, dans un système, où l'histoire doit former la matière sur laquelle l'esprit travaille, devient elle-même une des bases principales. L'histoire réclame, à chaque instant, le secours de la géographie. Celle-ci, d'ailleurs, est une de ces sciences de fait, trop souvent ignorées, qui servent toute la vie. On n'en peut trop tôt occuper un âge qui retient si bien les premières choses apprises.

Nous commençons par le plus facile, laissant presque entièrement de côté les notions purement cosmographiques, que nous retrouverons plus tard. La cosmographie n'est pas à la portée de l'enfant, ou, s'il en comprend quelques parties, il est à craindre que les autres ne laissent dans son esprit des aperçus faux ou incomplets, dont nous connaissons le danger pour l'intelligence. La géographie s'apprendra sur un globe et sur des cartes. Les principales parties du monde et leur configuration, les divisions les plus importantes de chacune d'elles, et, dans chaque région, la ville capitale, les montagnes, les fleuves, les mers, voilà de ces choses que l'enfant, accoutumé à les voir sur la carte, saisit et apprend avec une facilité surprenante : j'en ai fait l'expérience sur mon fils aîné.

Ma première pensée avait été de joindre, ou plutôt de soujoindre la géographie à l'histoire, sans en faire une étude essentiellement distincte. La division générale du globe, la détermination des points cardinaux, la situation de la France et de la ville que nous habitons, une fois établies dans l'esprit de l'enfant, il me suffisait de lui montrer sur la carte les noms des lieux et des pays que nous rencontrions dans nos lectures. Tant que nous fûmes bornés à l'*Épitome*, notre cercle était fort resserré ; mais, l'année suivante, il s'agrandit peu à peu de toute l'étendue de l'empire romain ; et, de cette manière, avant l'âge de sept ans, mon fils avait vu et retenu, en géographie ancienne, une foule de noms et de positions qui se graveront de plus en plus dans sa mémoire.

Mon intention n'était pas de l'occuper alors de géographie moderne. Ma femme m'en avait plusieurs fois témoigné sa surprise. Peu satisfaite des raisons que je lui donnais, et voulant d'ailleurs avoir part à l'œuvre, elle se chargea de cette partie. Dans l'espace de quelques mois, les notions principales sur l'Europe, et la double division de la France en provinces et en départemens, se sont trouvées dans sa mémoire, et cela, surtout, au moyen des yeux. Depuis, il a parcouru de même les autres parties du globe. Il prenait un grand plaisir à découvrir les lieux et leurs noms, ou à les retrouver, quand il en avait oublié la position. Nous faisions aussi des voyages par mer ou par terre, et nous ne manquions pas de nous arrêter en passant dans les pays et les lieux importans dont les noms nous étaient connus. Par exemple, l'Égypte, la première contrée où l'ame

de l'enfant a éprouvé de vives émotions avec Joseph
et Moïse, est aussi celle où il désire le plus aller.
Il n'avait pas six ans, que déjà ce voyage était
décidé. Mais, en attendant la réalité, nous le
faisions en imagination. Après avoir passé les
Alpes, nous allions visiter quelques villes célèbres,
Rome surtout, Naples, le Vésuve, de là le détroit
de Messine, Charybde et Scylla, la Sicile, le mont
Etna. On allait d'abord directement en Egypte ;
mais, lorsque l'on connut Carthage, le trajet était
trop court pour ne pas aller voir ses ruines.
D'autres fois, nous nous embarquions au Havre,
et la France, l'Espagne, le Portugal à notre gauche,
nous allions tourner par le détroit de Gibraltar.
Ces voyages offrent à l'enfant un intérêt réel,
quand les lieux où il se rend ou qu'il visite l'at-
tirent par des souvenirs qui en font pour lui des
pays de connaissance.

Avec l'histoire, et par elle seule, la géographie
n'est plus une sèche nomenclature : elle devient
une science pleine de vie et d'intérêt. Les notions
générales que nous en aurons d'abord données à
notre élève, hâteront ses progrès; mais cette étude
séparée cessera aussitôt que nous aurons, pour
ainsi dire, formé dans son esprit les cases, où les
détails viendront ensuite se placer au moyen de
l'histoire. Chaque fois que le nom d'une contrée,
d'une ville, d'un lieu quelconque devra se mettre

dans sa mémoire, ce sera à l'occasion et à l'aide d'un fait ou d'une pensée qui s'y rattache, et par les souvenirs qui le consacrent. Il peut ainsi voir la plupart des lieux et des pays qui méritent d'être connus aux diverses époques. Cet enseignement, tout d'action et de raison, ne laissera dans son esprit que des idées claires, positives, et qui vaillent la peine d'être retenues.

On voit bien qu'une étude ainsi conçue ne se borne pas à une année. Nous en fesons pour toujours une dépendance de l'histoire; mais un temps viendra où la plupart des noms et des lieux, étant devenus familiers aux élèves, on n'aura presque plus besoin de reporter leurs yeux sur la carte.

Ainsi, la première année, nous avons, pour remplir nos six ou huit heures de classe, le latin, l'histoire sainte et la géographie. L'*Epitome* est la base principale du travail. Je ne détermine pas le temps nécessaire pour lire et relire ce petit ouvrage suivant notre méthode. Tant qu'il y aura des mots, des locutions et de l'histoire à puiser dans son latin et dans les développemens auxquels il donnera lieu, on devra s'en contenter; et peut-être fera-t-on bien d'y consacrer l'année tout entière, en y joignant, comme nous l'avons dit, un choix des fables de Phèdre et les notions générales de la géographie.

N'oublions pas que le latin est notre objet principal. L'histoire elle-même, quelle que soit son importance, n'est, en réalité, qu'un moyen pour l'apprendre. Elle n'en sera pas moins sue; et quelle avance pour l'avenir! Mais on aurait pu l'étudier séparément, tandis que, sans elle, l'étude du latin, uniquement fondée sur les mots, ne nous paraît qu'une source de trouble et d'erreur pour le jeune esprit qu'on y astreint. Que le latin employé à exprimer des faits, des choses comprises par l'élève, et qui méritent son attention, soit sans cesse relu, tourné de toutes les manières, et développé sous d'autres formes dans l'expression nouvelle des mêmes choses et des mêmes faits. Gardons-nous surtout de nous en rapporter à l'esprit de l'enfant, qui, dans un travail isolé, se porte souvent ailleurs, quand il ne dort pas sur son devoir. Sans cesse en action avec le maître, dont la principale charge est de le tenir en éveil, il aura pris l'habitude de s'occuper de ce qu'il fait, de savoir ce qu'il sait: avantage inappréciable, et qui suffirait à notre méthode, quand même il n'en résulterait pas encore une intelligence du latin plus sûre et plus complète que par la méthode ordinaire!

CHAPITRE IX.

Objections.

Je ne me déguise pas qu'à la première vue beaucoup de personnes doivent trouver mon système impraticable. On en dit autant de la plupart des choses nouvelles, surtout quand il s'agit de sortir d'une routine qui a pour elle l'autorité des siècles. Cette fin de non recevoir a presque toujours ajourné et souvent empêché l'accomplissement des meilleures idées. Comme on n'y peut répondre que par le succès, je m'attacherais vainement à convaincre ceux que mes raisonnemens précédens n'auront pas ébranlés. D'autres me seront plus favorables : ils admettront que je puis réussir, mais seulement dans une éducation privée, avec un ou deux élèves. Je ne puis, en effet, donner mon expérience sur deux enfans pour garantie d'un succès plus général ; mais voici comme je raisonne.

Notre but est de faire, avec une réunion de vingt ou trente élèves, ce que je fais avec un seul : car il faut dire encore que l'âge de mes enfans m'a forcé de m'occuper de chacun d'eux séparément. Ce qu'on m'accordera d'abord, c'est que l'instruction qu'il s'agit de donner à tant d'élèves à la fois, n'est pas une production matérielle qui doive être proportionnée au nombre des consommateurs : le maître en a pour trente comme pour un. Il n'y a de difficulté que dans la distribution. Or, pour cela, notre principal moyen, c'est la parole. La parole n'est pas non plus de ces choses qui se réduisent par la division et par le nombre de ceux à qui elles parviennent. Qu'il y ait trente ou dix élèves, chacun d'eux n'en recevra ni plus ni moins. Il est vrai que le maître ne doit pas parler seul : nous exigeons que la langue des élèves soit souvent en action ; et, plus ils seront nombreux, moins on aura occasion de l'exercer. Nous ne le contestons pas ; mais, ici, l'effet de l'action devant surtout se porter sur l'esprit, l'accompagnement tacite aura presque le résultat de l'exercice réel. Ce que dit un enfant, il semble que les autres le disent avec lui. Il ne faut qu'une condition ; c'est qu'ils suivent, c'est qu'ils fassent attention.

L'attention d'un grand nombre à fixer, voilà, je le déclare, la difficulté principale, et la seule peut-être. Le nombre peut devenir alors un véritable obstacle, les enfans étant les uns pour les autres un objet, une cause continuelle de distraction. S'il faut souvent rappeler l'attention d'un élève isolé, que sera-ce pour vingt ou trente réunis ?

Il en est de même dans tout système d'enseignement. Voyez ce qui arrive avec la méthode ordinaire. Sans parler des absences ou distractions qu'aucun signe extérieur ne trahit, combien de fois le professeur n'a-t-il pas besoin de rappeler les enfans à l'ordre, de punir même les chuchote-mens et les enfantillages ? C'est bien pis encore dans le travail qui précède ou suit la classe. On peut en juger par la misérable situation de la plupart des maîtres, au milieu d'une étude un peu nombreuse.

Quant à nous, nous n'avons pas d'études; nous avons toujours classe. Nos élèves ne sont presque jamais abandonnés à un travail isolé. Il leur arri-vera moins souvent de jouer, de s'endormir, ou de porter leur esprit ailleurs. Ajoutez les moyens d'action et d'intérêt que notre système présente, et l'avantage d'une attention souvent volontaire sur une attention presque toujours forcée. Nous dont le latin est de l'histoire, nous dont le but est surtout d'exercer l'esprit sur la langue au moyen des faits et des pensées, ne nous est-il pas plus facile de l'arrêter et de le fixer, qu'en le laissant flotter dans le vague des mots ? A chaque instant, dans notre travail de vive voix, les enfans s'atten-dent aux questions que nous adressons, tantôt à l'un, tantôt à l'autre. On pourrait aussi établir l'usage des corrections mutuelles, chaque élève devant, sur un signe du maître, reprendre celui qui se tromperait, ou répondre à sa place, pour peu qu'il hésitât. Je ne désespérerais pas même d'emprunter quelques procédés aux méthodes dont l'avantage est de faire travailler beaucoup d'enfans à la fois. Enfin, l'exécution dépendrait encore du caractère de l'homme : il nous faut un maître qui soit maître, n'eût-il que deux élèves. Mais, quelle que soit la méthode, c'est une condition indispensable.

Je ne prétends pas dompter entièrement la nature de l'âge. Il y aura toujours des distractions ; mais aussi j'en tiens compte. Lorsque j'assigne huit heures de travail, c'est pour avoir la certitude que, dans l'emploi de la journée, nous aurons eu la quantité d'attention nécessaire : autrement, quatre ou cinq heures suffiraient pour arriver aux résultats que je promets. Quand nous n'aurions qu'une somme d'attention égale à celle qu'on obtient par la méthode ordinaire, les fruits en seraient meilleurs et plus nombreux ; mais je ne doute pas que la somme même ne soit de beaucoup à notre avantage.

Un autre obstacle à la pratique de mon système, c'est l'instruction et les qualités qu'il exige du maître. La méthode ordinaire s'accommode beaucoup mieux de la médiocrité. Quelle qu'ait été sa faiblesse d'un jeune homme dans ses études, si sa fortune ou ses moyens ne lui ouvrent pas une voie plus honorée ou plus avantageuse, le peu de latin qu'il croit savoir lui suffit pour subvenir à son existence. Il n'y a presque pas de maître qui ne puisse, à l'aide d'une grammaire, faire une classe de commençans. Plusieurs des classes suivantes n'exigent pas beaucoup plus. Avec le mécanisme des mots grammaticaux, et l'habitude du mot-à-mot et du français, dans l'explication des auteurs consacrés aux premières années, un esprit brové sur les règles par l'enseignement lui-même, devient bientôt capable de suffire aux conditions ordinaires. Car il n'y a que des mots et des formes à mettre dans la tête des enfans.

Dans mon système, au contraire, pour enseigner, il faut savoir. Celui à qui je confie mon enfant, pour développer et former en lui la partie essentielle de l'être humain, m'offrira la garantie que j'exigerais d'un ouvrier chargé d'un travail mécanique : je veux qu'il sache son métier, et l'on voit assez ce que j'entends par là, dans l'enseignement du latin.

Il faut, de plus, qu'il s'en fasse une affaire importante. Quelle que soit la carrière, on ne réussit que par le zèle et par une action soutenue. Mais, dans celle-ci, malheureusement, le succès est moins pour celui qui s'y engage que pour ceux à qui son travail est consacré. Comme la plupart des choses ne s'apprécient que par leur éclat extérieur, une profession qui ne mène pas à la fortune reste dans un état d'obscurité qui ne doit pas attirer le mérite. Il semble même que le peu de considération qui peut encore s'attacher à l'enseignement, s'abaisse avec l'âge de ceux à qui il est donné. Les classes de commençans sont généralement abandonnées à des hommes qu'on ne juge pas dignes d'en faire d'autres, ou qui ne les font qu'avec dégoût, en aspirant à monter plus haut.

Quand je considère les conséquences des premières études sur l'avenir de l'esprit, je me sens disposé à me porter vers l'excès contraire. Je voudrais presque donner aux fonctions du professeur une importance qui fût en raison inverse de l'âge de ses élèves et du besoin qu'ils ont de son secours. Mais, sans aller aussi loin, j'y demanderais du moins égalité d'avantages, en attendant que les résultats y missent égalité d'honneur. D'ailleurs, une conséquence de notre système, c'est que le maître suive ses élèves : car il est le seul qui les connaisse exactement, qui sache leur latin et leurs idées. Il devra les conduire assez loin et assez haut, pour que, du point où ils seront parvenus, un homme instruit, quel qu'il soit, puisse leur faire apercevoir toutes choses autour d'eux. Trois ou quatre ans ne seront pas trop ; et peut-être, alors, celui qui les aura conduits jusque-là, devra-t-il encore les mener plus loin, à moins pourtant que son succès dans les études des commençans n'en ait fait pour lui une spécialité, où il aura plus de bien à faire et d'honneur à acquérir. Attachez, enfin, plus de considération à cette partie de l'enseignement ; attirez-y le mérite par une rétribution qui la relève et en augmente les avantages : il s'y consacrera autant de bons esprits qu'à celles qu'on a jusqu'ici regardées comme supérieures.

On peut se former de soi-même à notre méthode. Essayée et suivie pendant quelques années, elle paraîtrait plus claire et d'une application plus facile. Un jour viendrait où des élèves formés par elle, devenant maîtres à leur tour, seraient encore plus aptes à la porter à son dernier degré de perfection.

L'école normale nous offrirait un moyen de succès plus rapide. Mais, en rendant justice à cette institution excellente dans son principe et par ses résultats, elle laisse à désirer sous un rapport essentiel. Les élèves y sont plutôt formés pour eux-mêmes que pour la profession à laquelle ils sont appelés. On leur donne la science et le goût: rien de mieux ; mais n'oublie-t-on pas un peu trop les enfans pour lesquels ces jeunes gens si bien instruits auront à travailler plus tard ? Sauront-ils faire, à tant d'élèves différens d'âge et d'esprit, l'application de ce qu'ils savent? En les occupant des hautes études, laisse-t-on à leurs

fonctions futures l'importance qu'elles doivent avoir
à leurs yeux ? Il y aurait, sous ce rapport, une
lacune importante à remplir. Ce serait d'établir
un cours et des exercices, où l'on formerait les
jeunes gens à l'enseignement, comme on en forme
ailleurs à d'autres spécialités. Ce cours aurait pour
base l'histoire philosophique de l'enseignement à ses
divers dégrés, dans les temps anciens et modernes.
Les considérations qui s'y joindraient, et les conséquences générales qu'on en devrait tirer, donne-
raient aux jeunes gens une idée plus haute et plus
juste des fonctions qui les attendent, à quelque
dégré qu'ils y fussent placés, et l'art d'enseigner,
fondé sur des principes raisonnés, serait pour
eux d'une application aussi sûre que facile.

Si notre système devait réussir et se propager,
ce serait surtout sous la direction et l'influence de
l'autorité qui préside à l'instruction de la nation
tout entière. Mais, sans son assistance, le succès
n'est pas encore impossible. Il règne une inquiétude
générale sur la nature et le mode de l'enseignement actuel : c'est un prélude de changemens
inévitables. Si ma pensée répond et suffit au besoin
de l'époque, il en sera comme de toutes les pensées
de ce genre. Pour la faire adopter il suffirait que
quelques esprits justes en fussent frappés comme
d'une vérité, et qu'ils prissent la résolution de
la mettre en pratique. Il faut se défier des révo-

lutions subites ; les meilleures se produisent avec
le temps et par des progrès d'abord insensibles.
Je n'aurai peut-être fait que développer une pensée, dont le germe est dans beaucoup d'esprits :
elle ne pourrait, alors, manquer de grandir d'elle-
même, jusqu'à ce qu'elle produisît tous les fruits
que la société devrait en recueillir.

CHAPITRE X.

Seconde Année.

De l'*Epitome*, les élèves de nos colléges passent au *De viris*. A l'histoire sainte succède immédiatement l'histoire romaine. Il n'y pas d'inconvénient, l'histoire n'étan comptée pour rien dans l'enseignement du latin : nous devons même savoir gré au bon esprit de Lhomond d'avoir accommodé à l'âge et à la force des élèves un ouvrage composé de faits bien choisis et faciles à comprendre. Mais, dans mon système, j'éprouve un regret : c'est que ce travail, qui nous convient parfaitement sous le rapport du latin, n'ait pas été fait sur l'histoire, qui vient naturellement après l'histoire sainte. Les enfans n'auraient ensuite que plus de facilité à étudier l'histoire romaine, dans ses rapports avec celle des autres peuples, quand ceux-ci leur seraient déjà connus. Justin, qui, sous le point de vue historique, pourrait en partie nous suffire, est d'une latinité trop forte. Je voudrais donc avoir sur l'histoire ancienne un ouvrage dans le genre du *De viris*. Ce serait une œuvre assez facile, avec le secours de Justin, de Cornelius Nepos, de Quinte-Curce, et de quelques autres, dont on adapterait les faits et le latin à l'âge et à l'intelligence des élèves. On aurait soin, comme Lhomond, de mettre aussi l'histoire sous les noms des hommes illustres : car les enfans distinguent mieux et retiennent plus facilement les caractères individuels, qui d'ailleurs rappellent celui des nations elles-mêmes : ce serait un *De viris illustribus veterum populorum.*

Il faut, pour le moment, nous contenter de ce que nous avons. J'ai moi-même été contraint, avec mes enfans, de prendre le *De viris* ordinaire après l'*Epitome*, et l'on verra que plus tard nous avons passé du *De viris* à Justin et à Cornelius Nepos. Mais, quoique je n'aie pas à me plaindre du résultat, il est évident que, pour l'histoire, l'ordre inverse aurait mieux valu.

Dans la lecture et l'explication, notre méthode sera toujours à peu près la même : nous en userons seulement avec plus de liberté. Pour achever de faire comprendre ma pensée, il me suffit d'exposer en peu de mots la marche que je suis en ce moment avec le plus jeune de mes enfans, et dont j'ai fait l'expérience avec son frère.

Mon habitude est de lui faire lire un chapitre, et deux quelquefois, s'il le faut, pour compléter le sens. Il m'en redit aussitôt, en latin, la pensée et les principaux détails. Dès l'âge de cinq ans et demi, il lui arrivait rarement de s'y tromper. Lisant alors moi-même sans changer l'ordre des mots, à mesure que les idées se présentent il me dit le français correspondant. S'il se rencontre des expressions ou des choses que je sais n'être pas comprises, je lui en explique le sens, et plus souvent encore j'essaye de le lui faire trouver. Nous relisons enfin le morceau tout entier. Il est temps, alors, de lui donner quelque repos ; mais je suis sûr, quand je le rappelle auprès de moi, qu'il me rendra en latin l'esprit et les détails les plus importans de notre dernière lecture.

Dans la position toute différente des commençans ordinaires, les explications du maître et les réponses des élèves ne peuvent d'abord avoir lieu qu'en français ; mais, une fois qu'ils auront compris, on parviendra bientôt à leur faire redire en latin les choses principales, un peu dans le principe, et beaucoup plus à mesure qu'ils avanceront. A la seconde lecture de l'ouvrage, ils n'auront presque plus d'autre manière d'en rendre compte, et de répondre aux questions qui leur seront adressées sur les faits et les pensées.

C'est toujours des faits et des pensées que nous nous occupons. *La pensée d'abord, tout pour elle et par elle* : je ne puis trop le répéter. Si nous parlons latin, c'est moins en apparence pour le latin lui-même, qu'à l'occasion des personnages et des actions que nous voyons dans notre livre latin. Par le sens clair et complet des choses qu'il a l'habitude de voir exprimées et d'exprimer dans cette langue, l'enfant prend celle de l'expression elle-même : il se trouve sans cesse apprendre de nouveaux mots et des locutions nouvelles. Je n'applique pas l'esprit de mon fils à des règles qu'il ne comprendrait pas, mais à des faits qui l'intéressent et l'amusent. Il faut voir l'ardeur qu'il met le plus souvent à me les redire, et tout ce qu'en fait sa petite imagination ! Je ne lui redemande pas, chaque fois, tous les détails : quelquefois même, la pensée principale, l'esprit de l'action, ou le caractère du personnage, me suffisent : les détails omis, s'ils sont de quelque importance, se représenteront dans une autre lecture. Peu m'importe l'expression, pourvu qu'elle soit correcte et qu'elle rende sa pensée : j'aime mieux ce mélange de mots du livre et de sa tête : j'en conclus que la chose est bien comprise et l'intelligence en action, tandis que la répétition exacte des mots de l'auteur pourrait ne provenir que de la mémoire.

Par un exercice du même genre et dirigé dans le même esprit, on peut obtenir les mêmes résultats avec la plupart des enfans. Ce que je conseille encore, c'est de leur faire retraduire du francais en latin, et toujours de vive voix, les faits de leur auteur présentés de diverses manières, comme nous l'avons indiqué pour l'*Epitome*. Cet exercice important deviendra de plus en plus facile ; et, à la seconde lecture de l'ouvrage, on pourra bien mieux encore que l'année précédente compléter l'histoire, autant qu'elle peut l'être pour cet âge, au moyen des faits et des détails omis dans l'abrégé. Il n'est pas même impossible de suggérer aux enfans des comparaisons et des réflexions qui semblent venir d'eux : avec le temps, ils s'en feront une habitude.

On n'a pas oublié, non plus, comment j'entends, à l'aide de l'histoire, poursuivre l'étude de la géographie. Nous avons maintenant à notre disposition le monde ancien presque entier. Il suffira de porter les yeux des enfans sur la carte, pour que les noms et la position d'une foule de lieux, de villes, de contrées, se fixent dans leur mémoire avec les actions et les hommes qui en ont fait la renommée.

Je veux enfin qu'après avoir lu, relu, travaillé avec nous leur *De viris*, nos élèves de neuf à onze ans sachent mieux leur histoire romaine et leur monde romain que les trois quarts des jeunes gens à la fin de leurs études. J'en puis juger par ce qu'en savait mon fils aîné, âgé de sept ans et trois mois.

Il n'avait que six ans, lorsque je lui mis en main le *De viris*. Nous n'y donnions pas deux heures par jour, les autres choses comprises. Son âge et la faiblesse de sa complexion exigeaient des ménagemens. Aussi ne vîmes-nous, dans l'espace d'un an, que les trois quarts de l'ouvrage. Mais, avec des enfants de dix ans, occupés huit heures par jour, je ne doute pas qu'on ne puisse expliquer le *De viris* entier en moins de six mois, le revoir ensuite une ou deux fois avec de nouveaux détails, et trouver encore du temps pour autre chose.

La Mythologie devient indispensable : nous l'avons déjà dit ; et, ce que j'ai fait avec mon fils aîné, je le renouvelle maintenant avec le cadet. Après une année de latin, des enfans plus âgés suivront aisément la même marche. Ils doivent en savoir assez pour que le maître puisse leur accommoder un français, qu'ils traduiront sans dictionnaire, sur le papier d'abord, et dans un temps fort court : la correction suivra immédiatement le travail. D'autres fois, les mêmes choses seront redites de vive voix sur le français tourné d'une autre manière. Les élèves y trouveront quelque difficulté dans le principe ; mais cet exercice deviendra bientôt plus facile et de plus en plus utile. En même temps que les faits se graveront dans leur mémoire, ils prendront l'habitude de l'expression latine. Elle ne sera pas d'abord élégante, ni toujours correcte ; mais l'usage ne peut manquer de la corriger et de l'assouplir, comme il arrive pour la langue maternelle : car leur français, à cet âge et plus tard encore, est loin du degré de correction, d'élégance et de facilité où il doit arriver avec le temps et par l'exercice.

J'ai paru jusqu'ici donner peu d'attention au français, l'avoir même entièrement négligé avec mon fils aîné. En effet, le latin a été d'abord mon unique but : c'était ma tâche, à moi. Pour le français, je pouvais m'en rapporter à l'usage qu'il en acquérait avec tout le monde et dans ses lectures avec sa mère, bien sûr de le trouver plus tard au moins aussi avancé, sous ce rapport, que les autres enfans de son âge. Je n'ai commencé à l'exercer sur sa langue maternelle que vers l'âge de sept ans.

Nous procéderons à peu près de la même manière avec les enfans plus âgés. C'est surtout du latin qu'il faut les occuper d'abord. La première année y est spécialement consacrée ; et si nous employons alors le français, ce n'est que pour le latin, qui ne peut s'en passer.

Observez, d'ailleurs, qu'à la rigueur l'enfant n'a pas besoin d'apprendre sa langue usuelle. Eprouve-t-il le moindre embarras dans l'expression des choses de son âge ? à mesure qu'il avancera, son français habituel ne peut manquer de s'étendre avec ses idées. Le plus important, c'est qu'il ait des idées, et qu'il sache en tirer parti. La pensée est la base de notre enseignement, en français comme en latin.

Cependant, on ne peut nier la nécessité d'une étude spéciale de la langue maternelle, ne fût-ce que pour l'orthographe, chose d'habitude et d'usage qui s'apprend surtout dans la première jeunesse. Quoique nous réservions la partie essentielle de la grammaire pour l'âge de la philosophie, ou pour celui qui s'en rapproche, il y a aussi dans la langue une foule de choses de fait qu'il faut avoir observées pour les savoir et ne pas s'y tromper. Il est facile d'y habituer l'enfance, et, plus tard, on y emploierait avec moins de fruit un temps beaucoup plus long.

L'instruction française du plus grand nombre se borne à ce travail sur la langue. Mais, quelque indispensable qu'il soit, il faut convenir qu'il aboutit à peu de chose. On peut ne pas faire une seule faute de français ou d'orthographe, et n'être qu'un sot. La sottise ne résulte pas seulement de l'absence ou de la fausseté des idées, mais souvent aussi de ce qu'on ne sait pas produire celles qu'on peut avoir. Bien plus, dans la conversation, où les idées des interlocuteurs s'inspirent et se soutiennent les unes par les autres, tel homme brille quelquefois, qui, la plume à la main ou dans un développement d'idées un peu suivies, semble avoir perdu tout son esprit.

L'habitude la plus importante et la plus difficile à prendre, c'est de rattacher à une pensée capitale les idées subsidiaires qui en dérivent ou sur lesquelles elle repose. Tous les esprits n'en sont pas également susceptibles ; mais, quelles que soient leurs facultés, un exercice bien dirigé dans cette intention ne restera jamais sans résultat. On ne peut commencer trop tôt ce genre de travail ; on ne peut trop tôt accoutumer les élèves à faire de leurs idées et de la parole l'usage qui distingue le plus les esprits entre eux. Tel serait même le but des études actuelles, à n'en juger que par la nature des ouvrages qui en sont la base. Mais on néglige le fond, pour ne s'attacher qu'à la forme : c'est le vice général de l'enseignement. Nous, au contraire, sans négliger la forme, nous prétendons faire du fond notre objet principal. Dans nos études sur le français, comme sur le latin, nous soignerons la composition des mots et de la phrase, mais encore plus celle de la pensée, dans son ensemble et dans ses détails. Il faut que l'enfant s'accoutume à développer, comme son âge le permet, le fait qu'il connaît, la pensée qu'il comprend. Si nous l'y exerçons en latin, à plus forte raison devons-nous l'y former dans la langue, qu'il doit réellement parler et écrire.

Voici comme je m'y prends avec mon fils. Il s'agit de lui faire exprimer en français des idées justes, claires et bien suivies. Je ne puis employer pour cela que ce qu'il sait déjà : rien de mieux que l'auteur qu'il connaît ou dont je l'occupe. Il pourrait écrire ou dicter de mémoire les faits que nous lisons et qu'il m'a racontés plus d'une fois en latin. Mais il n'en est pas de l'écriture comme de la parole : la lenteur avec laquelle l'esprit est forcé de suivre la plume, prête beaucoup moins à son action; l'enfant serait souvent exposé à des interruptions d'idées et de sens, dont la répétition pourrait devenir funeste. Je veux donc qu'il écrive ou dicte son français, ayant le latin sous les yeux. Mais ce n'est pas une traduction. Le texte ne sert qu'à tenir présens à son esprit les faits et les pensées qu'il doit exposer dans une autre langue : un temps viendra où il n'aura plus besoin de ce secours.

Avant de marcher seul, il faut à l'enfant une main qui le soutienne et le dirige; mais, supposons que, sans laisser aux pieds leur libre action, on déterminât exactement chaque pas, chaque mouvement, cette méthode ne serait pas plus mauvaise pour lui apprendre à marcher, qu'une traduction presque littérale pour former son esprit à rendre sa pensée.

Les traductions auxquelles on astreint les élèves, pendant toute la durée des études, me paraissent encore une de ces habitudes nuisibles, où se perd le plus souvent l'habitude de penser. En effet, quel est le but du professeur en faisant traduire ? D'un côté, c'est d'avoir la certitude que ses élèves comprennent toutes les phrases et tous les mots du texte ; mais nous savons qu'on peut s'en assurer d'une autre manière, et avec plus d'avantage pour le latin lui-même. En second lieu, la traduction est regardée comme un moyen d'exercice français ; mais il en résulte des inconvéniens tout contraires au but qu'on se propose. Vous exigez de l'enfant qu'il exprime dans sa langue des idées étrangères par la forme et l'expression : c'est un travail au-dessus de son âge, souvent même au-dessus d'un âge plus fort et plus instruit. Son français doit nous offrir tous les détails du latin, toutes les nuances, celles mêmes qu'il est incapable de saisir. Mais qu'arrive-t-il à la plupart des jeunes esprits ? Forcés de s'occuper de tous les mots en particulier, ils prennent l'habitude d'entrevoir à peine la pensée que la phrase exprime, ou de voir au plus cette phrase toute seule, et d'aller ainsi de phrase en phrase, en se bornant à un travail de détail sur chacune d'elles : la pensée principale et les détails les plus importans ont disparu sous les mots.

Quant à nous, suivant notre méthode, nous trouvons aussi, dans nos auteurs latins, un moyen d'exercice français, mais avec cette différence que l'élève ne traduit pas. Son texte sous les yeux, il met librement en français le fait ou la pensée qu'il comprend, et jamais, comme il arrive souvent dans les classes, ce qu'il ne comprendrait pas. Il n'a pas à s'occuper du latin, mais seulement des idées que le latin lui suggère. Croit-on qu'avec cette liberté de mouvement et par ce travail tout naturel, il ne doive pas mieux se faire à l'usage de sa langue ?

Peu sévère et moins exigeant dans le principe, le maître pourra se contenter de la pensée principale. Le plus important, d'abord, c'est d'accoutumer l'enfant à saisir le point auquel les détails se rattachent. Mais, en s'y bornant trop long-temps, on s'exposerait à favoriser la paresse de l'esprit. De jour en jour on exigera davantage, et le moment viendra où l'on aura droit de s'étonner que certaine idée du texte ne se retrouve pas dans le français. On pourrait même en faire un moyen de composition entre plusieurs élèves : l'avantage serait à celui qui, en omettant le moins des idées de l'auteur, les aurait rendues dans le meilleur langage ; mais on ne tiendrait compte de la fidélité aux mots du texte, qu'autant que le français n'en serait pas moins pur et moins facile. Les fautes les plus graves seraient celles qui blesseraient la raison ou la langue. Il ne faudrait pas, non plus, donner dans la paraphrase, d'où résulterait l'habitude de ce style délayé, pur bavardage, véritable fléau de l'art d'écrire ; à moins, pourtant, qu'on n'eût fait du développement de la pensée un moyen d'exercice particulier sur des morceaux qui peuvent y prêter.

Ce mode de travail n'appartient pas seulement à la seconde année, mais presque à toute la durée des études. Il nous arrivera aussi de demander des récits français écrits de mémoire d'après des récits latins ; et plus tard nous donnerons des sujets à traiter sans le secours d'aucun auteur ; mais alors même l'exercice que nous proposons ne sera pas encore inutile.

Enfin, la traduction se présentera à son tour : car je suis loin de la rejeter ; mais nous attendrons qu'elle soit devenue moins impraticable à l'esprit plus avancé du jeune homme. En s'habituant à sentir et à rendre la valeur des expressions et des tournures, il comprendra mieux le mérite et la beauté que le choix et l'arrangement des mots ajoutent à la pensée. C'est un des meilleurs moyens de lui faire apprécier l'importance du style, et de le former au travail qu'il exige. La traduction exacte, quand le moment en sera venu, se joindra à la variété des exercices qui doivent rompre nos élèves à toutes les formes de la pensée et de la langue.

Tout ce que nous venons de dire peut également s'appliquer à la traduction du français en latin. On donne souvent aux élèves des thèmes, dont certaines phrases et les détails les plus saillans auraient mis en défaut l'esprit et la latinité de Cicéron. C'est ce qui a lieu surtout quand le morceau est réellement moderne et français par

la pensée et par le style. Dans les premières années, nous évitons cet inconvénient en accommo-
dant notre langage au génie du latin. Mais, plus
tard, cet exercice ne pourra plus suffire. Je voudrais alors, sans renoncer à la traduction exacte,
qu'on fit le plus souvent ce que nous admettions
tout à l'heure. Les élèves écriraient en latin sur
des morceaux essentiellement français, sans être
forcés de s'astreindre à l'expression originale. La
pensée principale, les points capitaux, les détails
les plus importans, se retrouveraient dans leur latin, sans trop de paraphrase, et de manière que, lu
séparément, le morceau parût avoir la forme latine.

La plus grande difficulté, quand on apprend
une langue, c'est de se dépouiller, en la parlant,
du caractère de celle dont on a l'usage. Le meilleur moyen serait de s'astreindre à ne penser que
dans cette nouvelle langue ; mais c'est impossible,
car pour cela il faudrait la savoir. On n'en doit
pas moins éloigner, autant qu'on le peut, ce qui
reporterait vers la première. Si l'on a besoin de
pensées exprimées d'abord dans celle-ci, il faut le
plus souvent ne prendre que les pensées, de manière que l'expression antérieure ne détourne pas
l'esprit de la nouvelle forme sous laquelle elles
doivent se produire. Il faudrait, enfin, qu'une
langue s'apprît par elle-même, comme la langue
d'enfance. Plus on se rapprochera de ce principe,

mieux l'esprit dégagé d'entraves se prêtera au génie de la langue qu'il veut apprendre, c'est-à-dire, aux formes particulières qu'elle imprime à la pensée et qu'elle en reçoit.

Le mélange continuel du latin et du français, et la nécesité de les adapter l'un à l'autre, donnent lieu aux plus graves inconvéniens. Mon intention n'est pas de ramener nos études aux choses et aux moyens du seizième siècle : je ne prétends pas les réduire à l'antiquité, ni remettre Despautères entre les mains des élèves; mais je suis convaincu qu'à cette époque les jeunes gens perdaient moins leur temps et se faussaient moins le raisonnement sur le latin seul, qu'aujourd'hui sur le latin joint et mêlé au français. Dans l'esprit des enfans, la langue usuelle absorbe la pensée et ne leur permet presque pas de la concevoir sous sa forme latine. Ce n'est pas le latin qu'ils apprennent, et ce n'est pas le français non plus : car on voit combien celui-ci, doit souffrir de cet accouplement forcé. Il serait plus naturel et plus facile d'apprendre chaque langue séparément, jusqu'à l'époque assez reculée où la comparaison entre elles deviendrait le fondement de l'étude philosophique de la grammaire. En attendant, séparons-les autant qu'il sera possible; et, s'il est indispensable de se servir de l'une, pour donner aux élèves des pensées à exprimer dans l'autre, laissons-leur du moins assez de liberté, pour que la forme et la couleur qui les distinguent se retracent naturellement dans le langage.

Cette question exigeait un développement qui nous a un peu détournés du but particulier de ce chapitre. J'y reviens en terminant. Dans notre seconde année, employée au latin sur le *De viris*, base principale de nos exercices, et au français sur les idées acquises au moyen du latin, l'esprit de nos élèves s'est en même temps étendu et affermi par la connaissance toute claire et toute positive des parties les plus importantes de l'histoire romaine, de la géographie ancienne et moderne, et de la mythologie. On aura aussi trouvé quelques momens pour les fables de Phèdre, qui peuvent convenir à cette année.

Ce que je conseille encore, c'est de ne jamais passer une semaine sans revenir sur les études antérieures. La lecture de l'*Epitome*, avec un nouveau développement des faits les plus curieux, achévera de les graver dans la mémoire. Si les enfans apprennent vite, ils oublient aussi vite. La mollesse et la flexibilité de leurs organes ne conserve la plupart des impressions que par l'action du temps. Je recommande, chaque année, le même soin pour l'année précédente. En général, on saisira toutes les occasions de ramener l'esprit des enfans sur ce qu'ils auront appris jusqu'alors.

CHAPITRE XI.

Troisième Année.

Notre marche se trouve encore tracée pour une partie du travail de cette année. Le *De viris* achevé, et l'histoire romaine assez bien connue, nous remonterons à l'histoire ancienne. C'est ce que j'ai fait avec mon fils aîné. Il avait alors sept ans et trois mois. Je lui ai donné Justin. Si son habitude du latin ne me permet pas de juger nos élèves d'après lui, il me semble que leur âge établit en leur faveur une compensation suffisante, pour que la lecture de cet historien ne leur offre pas plus de difficultés.

A défaut d'une édition de Justin, qu'il serait facile d'adapter à notre but, je suppose le maître assez habile pour distinguer le plus ou le moins d'importance de certains passages, et leur proportion avec l'intelligence des élèves. Tout ce qui ne me convient pas, tout ce que je sens n'être pas à la portée de mon fils, je le supprime, tantôt en masse, tantôt en détails, à moins que les autres pensées et le sens général n'en doivent souffrir.

Un moyen d'insister sur les noms les plus illustres et sur les parties les plus importantes de l'histoire grecque, c'est de joindre Cornelius Nepos à Justin, toutes les fois que l'occasion s'en présente.

Ainsi, après l'invasion de la Grèce, nous avons lu les vies de Miltiade, de Thémistocle, d'Aristide, de Pausanias et de Cimon. Revenant ensuite à Justin, cette partie de l'histoire générale, animée par des noms mieux connus et des caractères mieux déterminés, avait pris à la seconde lecture une vie nouvelle. On se fera aussi de Cornelius Nepos une source de latinité plus pure que Justin, qui pourtant, sous ce rapport, n'est pas à dédaigner. Plusieurs morceaux de Quinte-Curce m'ont également servi à compléter des faits importans et curieux. C'était pour nous, en passant, un moyen d'intérêt et d'amusement.

C'est toujours le même procédé qu'avec le *De viris*, la même variété d'exercice. Si, l'année précédente, nous pouvions déjà accommoder au latin de nos élèves un français facile à traduire, à plus forte raison le pouvons-nous maintenant. Mais, dans ce travail, nous ne perdrons jamais de vue l'histoire ancienne : ce sera pour nous un moyen de la compléter dans les parties où Justin et Cornelius Nepos laissent à désirer. Nos traductions en latin se faisant sans dictionnaire et le plus souvent de vive voix, la rapidité du travail permettra de les faire plus nombreuses et plus longues. On peut, de cette manière, ajouter à nos abrégés une foule de faits et de détails importants. Rollin, dont le français est tout plein de l'antiquité, fournira un moyen facile d'appliquer cette idée.

Notre méthode consistant surtout à tenir sans cesse l'esprit, l'oreille et la langue en action, au moyen de pensées claires et nombreuses, un résultat infaillible de ce genre d'exercice, j'en ai fait l'expérience, c'est que la lecture latine deviendra de jour en jour plus facile et plus abondante. Il est impossible d'en déterminer la progression ; mais, dans les dernières années, j'espère amener mon élève au point de lire couramment un auteur quelconque. Ceux qui n'ont vu que le peu de latin qu'on explique dans les classes, rencontrent à chaque pas, en lisant d'autres écrivains, des mots nouveaux pour eux ou employés dans une acception qui leur est inconnue. De là provient généralement la peine qu'on éprouve à cette lecture. Nous, au contraire, après nous être exercés, non plus dans un espace étroit, mais, pour ainsi dire, dans le pays tout entier, dont nous aurons battu les chemins et les sentiers, visité les monts et les vallées, nous y marcherons presque avec la même facilité que dans les lieux de notre enfance. On s'en apercevra dès la troisième année. La lecture de Justin et de Cornelius sera beaucoup plus facile à nos élèves qu'à ceux des classes ordinaires ; et, bientôt, en y joignant même nos autres exercices, elle ne suffira plus à remplir, pendant un an, nos huit heures de travail par jour. Il nous restera du temps pour autre chose.

C'est le moment d'aborder la poésie. Avec un enfant qui n'avait pas encore huit ans, j'ai mieux aimé remettre à l'année suivante; mais je ne doutais pas qu'il ne fût dès-lors en état de comprendre l'Enéide aussi bien que les histoires dont je l'occupais.

Je lui avais donné une Mythologie française assez développée, qu'il lisait avec beaucoup de plaisir. Un jour, en rentrant chez moi, je le trouvai enchanté de la belle histoire d'Enée et la prêtresse. C'était la traduction d'une partie du sixième livre. M'ayant, suivant notre coutume, rendu compte en latin de sa lecture française, son récit me retraça exactement les pensées principales de Virgile. L'idée me vint alors de lui lire à haute voix le latin d'où ces belles choses avaient été prises. Quoique plusieurs détails dussent échapper à son intelligence, son attention me témoignait assez qu'il me suivait. Je fut donc tenté de lui mettre l'Enéide entre les mains. La seule raison qui m'en détourna, c'est que, pour ne pas négliger les historiens, il aurait fallu donner au poète un temps que la santé de l'enfant réclamait.

Un autre motif aurait pu m'arrêter encore : c'était le scrupule d'offrir à des yeux à peine ouverts tant de beautés qu'ils ne pouvaient saisir. Mais on ne saurait trop tôt familiariser l'esprit avec la langue, les images et les tableaux de la poésie. C'est dans Homère que les enfans des

Grecs apprenaient à lire. Virgile devint l'Homère des Latins : il était sans doute plus facile à comprendre aux enfans dont la langue était la sienne ; mais cette expression virgilienne, toujours si vraie, et la limpidité de ce style dont rien n'obscurcit et n'interrompt la clarté, laissent la pensée tellement en évidence, qu'elle ne peut échapper à personne. Je me garderais bien de donner Ovide à lire à mon fils : ce poète a trop d'esprit pour un âge qui n'en a pas. Tandis qu'Ovide voltige, et que, dans ses fréquens retours, il fatigue la vue, Virgile vole à pleines ailes dans un ciel sans nuages, où l'œil ne perd aucun de ses mouvemens si soutenus et si larges.

Nous n'avons pas, dans notre langue, un seul ouvrage en vers qui offre à nos enfans un sujet de lecture aussi facile et aussi intéressant que l'Iliade, l'Odyssée et l'Enéide devaient l'être aux enfans des Grecs et des Latins. On est généralement réduit à Lafontaine, dont le genre et les beautés n'appartiennent pas à cet âge. Notre Télémaque, composé pour un enfant par un génie comparable aux plus beaux génies antiques, est le seul ouvrage qui semblerait nous convenir ; et, tout en regrettant que l'action n'en soit pas nationale et religieuse, comme celle des poèmes anciens, nous pourrions nous en contenter, si la prose de Fénelon lui-même pouvait remplacer la cadence mesurée du vers. Mais je veux que nos élèves deviennent sensibles au charme extérieur de la poésie : on n'en prend qu'au jeune âge le sentiment et l'habitude. Peu m'importe même la langue où ils doivent s'y former ; et peut-être y parviendrons-nous plutôt avec le vers latin fondé sur un système de cadence et d'harmonie plus prononcé et plus sensible à l'oreille.

Le latin remplira, dans notre enseignement, la lacune que le français y laisserait. Quand il me serait resté quelques doutes sur ce point, l'expérience que je viens de faire les aurait dissipés. Le succès a surpassé mon attente.

A huit ans et huit mois, mon fils a commencé l'Enéide. Dans l'espace de sept mois, nous l'avons vue tout entière. Le procédé n'avait pas changé : la seule différence, c'est que d'abord je lisais moi-même, de manière à rendre la pensée plus sensible à son esprit et la cadence à son oreille. L'étendue de notre lecture n'était jamais réglée que par la pensée : je ne lui présentais rien d'incomplet ou de tronqué. Il nous arrivait de lire sans interruption cent vers et plus : il n'aurait pas voulu s'arrêter, et quelquefois, si je l'avais cru, nous aurions ainsi lu des livres entiers. Cette lecture achevée, quelle que fût la longueur du morceau, il m'en rendait compte en latin : d'autres mêmes que son père n'auraient pu l'entendre sans surprise. Mais ce n'était qu'un résultat naturel de nos exercices antérieurs. Sans que l'enfant songeât aux mots, les pensées et les faits se présentaient d'abord seuls à son esprit : le voile des mots n'était nulle part entre son esprit et la pensée du poète : n'ayant suivi que celle-ci pendant la lecture, il me la rendait ensuite, telle qu'il l'avait vue et saisie.

Souvent même la pensée qui dominait chez lui répandait sa clarté sur des expressions qu'il n'avait jamais vues. Mais il y en avait aussi qu'il ne devait pas comprendre ; et d'ailleurs, le sens pouvait lui échapper à mon insu : c'est pour cela que, après le compte rendu latin, je lui faisais traduire le morceau de vive voix. Mon intention n'étant que de compléter l'intelligence du latin ; j'étais peu sévère sur l'expression française. Les explications ou commentaires indispensables devenaient en même temps un sujet de conversation latine. Enfin, il lisait lui-même le texte pur. Le plaisir qu'il y trouvait était sensible aux yeux même de ceux qui ne savent pas le latin : son ton et son action me retraçaient assez souvent le sentiment et la passion qui animent les discours, et l'emphase qu'il y mettait quelquefois était loin de me déplaire.

Quand nous eûmes terminé l'Enéide, l'enfant connaissait l'action générale du poème, le sujet particulier et les diverses parties de chaque livre. La plupart des élèves rendraient un compte moins fidèle du livre qu'ils ont expliqué et appris dans leur année classique. Un fait particulier suffit pour montrer combien les détails avaient dû se graver dans sa mémoire. A mesure que nous avancions, il ne rencontrait presque jamais un des vers répétés une ou plusieurs fois dans l'Enéide, sans le reconnaître et me dire aussitôt ou retrouver de lui-même l'endroit où il l'avait vu d'abord. On peut encore juger par là de l'impression que, par la pensée, les mots laissent dans l'esprit.

Nous relisons maintenant le poème entier. Ce sera l'occupation ou plutôt le plaisir de nos vacances. Je l'arrête encore après chaque morceau sur les idées et sur les mots qui peuvent laisser quelque obscurité. Mais il en reste peu de ce genre. Il suffit même de l'entendre, pour sentir, non seulement à son ton, mais surtout à la manière dont il marque les repos, avec quelle exactitude il comprend la pensée et les détails. Mais le charme est en même temps pour son oreille : car l'arrangement des sons et des syllabes, assez indifférent pour les élèves ordinaires, cesse de l'être pour celui à qui l'observation habituelle de la quantité a donné le sentiment de la cadence poétique. C'est encore un des résultats de notre méthode. J'aurais pu même en parler plus tôt, si je n'avais cru devoir réserver pour cet endroit ce que j'avais à dire sur le moyen de former les enfans à la prosodie, sans les astreindre à des études fastidieuses et presque toujours inutiles.

Quand je me suis mis à parler latin pour mes enfans, j'avais cette habitude de prononciation assez générale parmi les Français qui, n'ayant à prolonger dans leur langue qu'un petit nombre de syllabes, ne mettent pas plus de différence entre celles des mots latins. C'était de ma part une faute grave. Mon fils avait près de sept ans, quand je m'en aperçus. En observant son penchant à alonger certaines voyelles suivant un accent qu'il ne pouvait prendre qu'avec des personnes étrangères à la maison, je sentis combien il m'aurait été facile de lui donner, en latin, l'habitude des longues et des brèves, sur les mots qu'il n'aurait jamais entendu prononcer autrement. Cependant le mal n'était pas encore sans remède. Je réformai ma prononciation. Pendant quelque temps j'attachai un soin particulier à lui faire observer la quantité marquée sur les voyelles incertaines dans notre édition du *De viris :* quant aux longues par position, qui sont si nombreuses, il m'avait été facile de lui faire comprendre le principe de la plupart d'entre elles. De cette manière, il contracta, plus tôt même que je ne l'avais espéré, le sentiment de la quantité propre à certaines syllabes. Avant d'arriver à la seconde moitié de Justin,

il ne lui échappait déjà plus qu'un petit nombre
d'erreurs ou d'omissions ; et je ne doute pas qu'il
ne se fût encore accoutumé plus vite à cette manière
de lire, si elle n'avait pas contrarié la promptitude et
la vivacité de son caractère d'enfant. C'est pour
cette raison, sans doute, que, dans son latin de conversation, je ne suis pas aussi bien parvenu jusqu'ici
à rompre sa première habitude. Mais ce sera maintenant le résultat du temps, et surtout de la lecture
des poètes. Depuis que nous avons commencé Virgile, la quantité a pris à son oreille une importance qu'elle n'avait pas dans la prose, et qui
s'accroît de jour en jour.

Dans l'application de mon idée, tout dépend du
maître. S'il marque exactement la quantité, chaque
mot se mettra dans l'esprit de ses élèves avec le
son et la mesure qui lui sont propres. Le succès
sera d'autant plus sûr, qu'il n'aura pas à corriger
en eux les habitudes que mon fils avait déjà prises.
Il y a, d'ailleurs, des principes généraux qu'on peut
leur donner dès le commencement, et comme en leur
apprenant à lire le latin : le reste s'apprendra par
l'usage. Dans un système où les organes de la parole
sont sans cesse en action, c'est encore un des résultats qu'on peut garantir. Les enfans d'une nation quelconque ne se forment pas autrement à la prosodie
naturelle de leur langue.

Avec la méthode ordinaire, l'étude particulière

de la prosodie latine devient indispensable aux élèves de quatrième, qui jusque là ne se doutaient pas
même de son existence et de ses effets. Mais, en
réalité, elle leur sert à peu de chose ; car, dans les
classes suivantes, la plupart d'entre eux resteraient
sans réponse aux questions qu'on pourrait leur faire
sur les règles qu'ils ont apprises : ils ont même encore
besoin de chercher la quantité d'une foule de mots.
Je crois bien que, si elle n'était pas pour eux dans
le dictionnaire, elle serait davantage dans leur
mémoire ; mais ils le devraient moins à l'étude des
règles qu'à l'usage.

Je veux donc que l'usage de la quantité commence, pour nos élèves, avec celui du latin. C'est
le moyen le plus sûr et le plus facile de la **faire**
passer dans leur nature, moyen d'autant plus pré-
cieux, qu'il les affranchit pour la suite d'un travail
sans résultat et de l'emploi du dictionnaire. La lecture de Virgile achèvera de les en pénétrer. Dès le
début, il s'établira pour eux, sous ce rapport, une
différence essentielle entre la prose et la poésie.
Leur oreille se formera d'elle-même à la mesure
du vers hexamètre, et, lorsqu'ils liront d'autres
poètes, l'observation habituelle de la quantité leur
fera aussi bien apprécier la mesure des différentes
espèces de vers latins.

Il ne sera pas inutile, quand ils auront lu un
livre ou deux de l'Énéide, d'en briser quelquefois

les vers, et de les leur donner à reconstruire. Cet exercice facile demandera peu de temps, et la structure du vers, qu'ils sauront ainsi refaire, leur deviendra de plus en plus sensible et familière.

On voit quel soin je prends de l'oreille; car je n'ai pas d'autre but, en exerçant nos élèves à la prosodie d'une langue morte. Quand, au moyen du vers latin, ils auront acquis un sentiment plus vif et mieux marqué de la cadence poétique, nous arriverons au vers français. Le rapprochement des deux systèmes ne leur fera que mieux apprécier la mesure propre à chacune des deux langues, et, par la lecture des beaux morceaux de notre poésie, ils achèveront d'en goûter le charme extérieur et distinctif.

Quiconque n'a pas lu de vers dans sa jeunesse, n'en lira guère à un autre âge. Cette habitude se prend, comme beaucoup d'autres, à l'époque de la croissance, et rarement après. Il en est peu cependant qui procurent une jouissance plus vive et plus réelle. On peut en juger par les effets de la poésie sur les nations où elle a régné. L'harmonie, qui lui soumet le plus délicat de nos sens, est pour une grande part dans ses prodiges. En y formant nos élèves, je veux leur donner un sens de plus pour les plaisirs de l'esprit, et j'espère ainsi remplir en eux le vide qu'y laisse, sous ce rapport, notre éducation nationale.

Cependant, mon intention n'est pas d'exercer les

jeunes gens à faire des vers français. On le pourrait sans doute, et ce serait bientôt pour eux un
plaisir plutôt qu'un travail. Mais il faut prendre
garde de leur donner une des plus dangereuses
manies qui puissent s'emparer de l'esprit, la ma-
nie d'une vaine versification, dont le principal résultat est de rendre ceux qu'elle domine inhabiles
à toute autre chose. Quand on songe au petit
nombre d'hommes à qui la poésie soit permise
pour leur honneur et notre plaisir, ne vaut-il pas
mieux s'en rapporter à la nature, qui ne man-
quera pas de faire jaillir le feu sacré du cerveau
où il se trouve?

Les vers latins n'offrent pas le même inconvénient. Je n'ai pas encore d'avis bien arrêté sur l'usage
que j'en dois faire; mais il est sûr que, dans les études actuelles, c'est un des exercices qui contribuent
le plus au développement de l'esprit. Astreint
dans tous ses autres devoirs à ne travailler que sur
les idées d'autrui, l'élève ne commence réellement
à produire des idées qui lui sont propres, que
lorsqu'il fait des vers latins. C'est une nouvelle
carrière, et, pendant long-temps, la seule ouverte à
son imagination. Parmi tous les exercices des classes
d'humanités, il n'y a en pas qui dispose mieux à la
composition en prose latine ou française. La seule
raison qui me fasse hésiter, c'est que notre système offrant, dès le principe, un champ plus libre

et plus étendu à l'action de l'esprit, ce genre de travail serait peut-être moins utile à nos élèves. Je n'oserais donc me prononcer maintenant sur cette question : j'attendrai le conseil du temps et le résultat de mon expérience.

La plupart des observations que nous venons de faire sur la quantité latine et sur la poésie, appartiennent à toute la durée des études. Ce qui est particulier à la troisième année, c'est l'explication de l'Énéide. Dans les derniers mois, on peut en voir assez pour la terminer dans la première moitié de l'année suivante. Observez surtout que notre but est d'en faire un sujet habituel de lecture. Pourvu que l'élève sache d'abord les faits et les pensées dont se composent les divers récits, ce dont nous serons assurés par le compte qu'il nous en rendra, les lectures répétées qui devront suivre achèveront de lui donner l'intelligence des détails qui auraient pu lui échapper. Mais on peut être sans inquiétude : il les comprendra presque tous. Il y a peu d'écrivains dont la pensée et l'expression soient aussi bien à la portée de tous les esprits : c'est un des caractères de sa perfection.

Pour compléter nos travaux de cette année, il nous reste un mot à dire de la géographie. L'étude s'en poursuivra toujours de la même manière. Justin. Cornelius Nepos et Virgile lui-même fourniront sans cesse l'occasion de porter les yeux sur la carte.

C'est au professeur à savoir les noms et les positions qu'il peut négliger ; car tous les lieux nommés dans l'histoire ne sont pas d'une égale importance : la connaissance d'une foule de petites choses n'aboutirait souvent qu'à une futile érudition. Quant à la géographie actuelle, il suffira presque de ramener quelquefois l'esprit des élèves sur les parties qu'ils ont déjà vues : nous en joindrons plus tard l'étude principale à celle de l'histoire moderne.

Dans le cours de cette année, outre le latin, dont l'usage sans cesse répété leur sera devenu de plus en plus familier, nos élèves auront vu l'histoire ancienne d'une manière assez complète, pour se livrer ensuite, sur des écrivains plus forts, à une étude plus approfondie de l'antiquité. De plus, Virgile leur aura ouvert une nouvelle carrière, dont nous avons entrevu l'étendue. Je ne parle pas de la géographie, qui s'apprendra d'elle-même, ni de la reprise hebdomadaire de l'histoire romaine, par laquelle on achèvera de fixer dans leur esprit ce qui pourrait en échapper. On trouverait enfin le moment de commencer le grec sur le plan que nous avons indiqué pour le latin. Nos huit heures de travail, remplies dans un ordre suivi et régulier, suffisent à tout ce que nous venons de dire ; et si tel est le résultat de notre troisième année, on conviendra que nous n'aurons pas perdu notre temps : nos élèves sauront au moins ce qu'ils auront appris.

CHAPITRE XII.

Considérations sur les Années suivantes.

Je ne pourrais aller plus loin , sans manquer à ma résolution de ne rien avancer qui ne soit le résultat de mon expérience. J'avais assez de matériaux pour remplir mon plan des trois premières années : maintenant qu'ils sont épuisés, je vais, avec l'aide du temps , en amasser d'autres.

Au reste , si nous avons bien commencé, notre œuvre sera désormais facile. Il y a plus loin de la semence et du germe à l'arbuste, que de l'arbuste à l'arbre. La force de végétation s'accroît par les progrès de chaque année. Au point où mon fils est arrivé, je n'ai plus qu'à seconder la nature dans le cours que j'ai donné à son développement. Il en sera de même avec les autres enfans, après trois ans d'études. Le fond de la méthode ne changera pas. On ne fera qu'en user avec plus de largeur et de liberté, à mesure que l'âge et l'exercice en donneront les moyens.

Avant deux ans, ce qui, dans mon plan général , répondrait à la cinquième année, je ne désespère pas de faire lire à mon fils Salluste et Tite-Live, sans aucun alliage de français, et de manière à les pénétrer de leur esprit par l'intelligence directe et

continue des faits et des pensées. Nous arriverons
ensuite à Cicéron ; et , du genre oratoire , où le plus
souvent le fait sert encore de base à la pensée ,
l'habitude d'un raisonnement plus développé nous
conduira aux ouvrages en vers et en prose , qui
exigent plus de force et de maturité. Horace et
Tacite formeront le couronnement de l'œuvre , où
nous aurons, d'ailleurs, intercalé les autres écrivains des diverses époques qu'il est important de
connaître.

Nous avons commencé le grec. Mon fils aîné
avait neuf ans et le cadet six ans. J'espère les faire
marcher ensemble. Des circonstances particulières
nous ont empêché , jusqu'à présent, de donner le
temps nécessaire à cette nouvelle étude. Je n'ai pas
encore assez de résultats pour en parler avec détails. Le plus important que je puisse garantir ,
c'est la facilité avec laquelle leur esprit, pénétré
des formes de la latinité, se prête aux modifications analogues d'une langue fondée sur le même
système; et tel serait aussi l'avantage de notre
méthode avec d'autres enfans. C'est une des raisons pour lesquelles j'engage à ne faire commencer
le grec qu'après deux ou trois ans de latin.

Malgré le peu de temps que nous y avons donné,
mes deux fils me rendent déjà compte de leur
lecture en grec, et je ne doute pas qu'ils ne le
fassent bientôt aussi facilement que dans les

langues qu'ils ont parlées jusqu'ici. L'histoire nous sert toujours de base, et d'abord l'histoire sainte. En ne leur présentant que des idées qui leur soient familières, le succès sera plus sûr et plus prompt. L'année prochaine, Homère nous offrira un genre de pensée et d'action aussi facile à comprendre et plein d'attraits pour des enfans. Hérodote pourra s'y joindre ensuite, avec la naïveté et le charme de ses histoires. Il n'y a point de langue qui, par elle-même, et par la nature et la variété de ses productions, s'adapte aussi bien aux divers degrés de l'enfance et de la jeunesse. Nous y trouvons un accord parfait avec l'esprit et le but de notre méthode; et, sous ce rapport seul, sans alléguer les raisons non moins puissantes d'origine et de priorité, s'il était possible de commencer par le grec, l'application de nos principes serait encore plus facile et plus sûre.

Livrés tout entiers à l'antiquité, nous avons paru jusqu'ici négliger les temps qui l'ont suivie. A peine avons-nous trouvé place pour les notions générales de la géographie actuelle. Mais le moment arrivera de tourner les enfans du côté des siècles modernes. Ce sera surtout au moyen de la lecture.

Quand l'âge des élèves et leur habitude de travail et de réflexion ne leur feront plus un besoin aussi indispensable de la présence et de l'action du maître, nous ajouterons d'abord une heure, et deux ensuite, aux huit heures que nous leur avons assignées. Ils emploieront ce temps à lire, presque en pleine liberté, les ouvrages importans de notre langue qui seront à leur portée. Il faudra, sans doute, les guider encore, leur faire quelquefois rendre compte de leur lecture, constater ce qu'ils auront gravé dans leur esprit, et, quand ils seront plus avancés, leur apprendre à juger les ouvrages, où tous les jours ils puiseront des idées nouvelles et formeront leur goût. Mais la première lecture en sera presque libre. Il faut que ce soit pour eux un plaisir. Outre les heures de récréation nécessaires au corps, il y aura chaque jour une ou deux heures d'amusement pour l'esprit. On peut ainsi, dans l'espace de quelques années, leur faire passer sous les yeux la plupart des livres qu'il faut connaître. Mais, le plus grand avantage qu'ils en devront recueillir, c'est l'habitude même de lire, et surtout de lire des ouvrages solides.

Cette partie si importante est entièrement négligée dans les études actuelles. On ne met entre les mains des élèves que leurs auteurs classiques, et l'usage qu'ils en font suffirait pour les dégoûter des livres. Ce qu'ils lisent leur vient d'ailleurs, et presque toujours à l'insu des maîtres et des parens, qui s'en occupent peu : ils prennent au hasard ce qui leur tombe sous la main. Il y en a même qui ne lisent pas du tout; et la plupart arrivent à dix-sept ou dix-huit ans, sans presque jamais avoir ouvert un livre français qui mérite d'être lu. Faut-il s'étonner, après cela, que tant de jeunes gens restent sur ce point dans l'insouciance, et que tant d'autres n'aient de goût que pour les livres futiles ou corrupteurs ? Comment veut-on qu'un élève, sortant de ses classes, à qui l'on n'a point fait un plaisir ni une habitude des ouvrages sérieux, s'éprenne tout-à-coup d'un vif amour pour ce genre de lecture ? Mais si, dans le cours de ses études, et dès l'âge de dix ou douze ans, l'histoire l'avait familiarisé avec les grands hommes et les réalités des temps anciens et modernes ; si, par la poésie et les beaux ouvrages d'imagination, il s'était de lui-même initié aux jouissances littéraires des diverses époques ; croit-on qu'ensuite la lecture devînt pour lui sans attraits, ou qu'il se contentât des futilités et de la corruption offertes aux esprits ignorans ou dépourvus de la force d'attention nécessaire pour lire avec plaisir des ouvrages solides et consciencieux ?

Il faudrait commencer par fournir des livres aux élèves : car, le plus souvent, ils en manquent. Ce sont des soldats sans provisions, ou tellement réduits au strict nécessaire, qu'il leur est presque impossible de tirer parti de leurs forces. De quoi se compose le bagage d'un écolier ? Ses livres classiques, des grammaires, des dictionnaires, quelques auteurs latins ou grecs, et parfois des chefs-d'œuvre français, dégradés sous forme de leçons : voilà tout ce qu'on offre à son ardeur de science et de distraction. Il est tout naturel qu'il prenne son plaisir où il le rencontre et suivant son penchant. Si c'est dans les livres, ce sera bien un hasard qu'il tombe précisément sur ceux qui conviennent à son âge et à son instruction. C'est donc à nous à fournir à ses besoins. Donnons-lui les livres nécessaires, et soyons sûrs qu'il lira. Il n'y a peut-être pas un seul enfant de dix à douze ans, qu'on ne puisse amener à lire Rollin tout entier. Ce goût, bien dirigé et satisfait avec mesure, devra s'accroître d'année en année, par l'instruction même qui doit en résulter. L'étude des temps modernes et de notre littérature ne peut manquer d'y ajouter un nouvel attrait. Enfin, sans parler de l'habitude qui lui en restera pour la vie, que d'idées notre élève n'aura-t-il pas puisées dans un choix d'ouvrages bien adaptés à son âge et à ses progrès !

Cent volumes à peu près suffiraient au plus grand nombre. Chaque élève se formerait peu à peu cette petite bibliothèque : car je voudrais que chacun d'eux eût la sienne, qu'il vît, dans les œuvres les plus utiles et les plus belles de l'esprit, sa propriété et une source de plaisirs toujours libre. Je voudrais même que la beauté du format et du caractère contribuât à les ennoblir à ses yeux.

Ce serait une valeur de cinq ou six cents francs, distribuée dans toute la durée des études. Mais cette dépense même est un obstacle. Rien ne coûte plus qu'un achat de livres. Des parens, à qui le luxe le plus frivole paraît chose toute naturelle, dans la parure de leurs enfans, auraient beaucoup de peine à dépenser moitié moins pour une autre espèce de parure, que la plupart sont incapables d'apprécier. Il n'est pourtant pas impossible de vaincre cette répugnance. Le moyen le plus simple serait de déterminer les livres nécessaires à chaque année, et d'en faire une condition des études. Il suffirait, d'ailleurs, que les maîtres fussent bien pénétrés de la vérité sur laquelle j'insiste avec tant de conviction, pour amener les parens à ne plus y voir un sacrifice, mais une source d'instruction et de bonheur pour leurs enfans.

Je n'oserais pas désigner aujourd'hui les ouvrages qu'on doit ainsi donner aux élèves, ni l'ordre à suivre dans la diversité de leurs lectures. C'est une des choses que je veux aussi constater par l'expérience. Je n'exprime ici que la pensée générale, et je la présente avec certitude, comme une des plus importantes, une de celles auxquelles j'attache le plus mes espérances de succès.

Dans notre plan ainsi tracé, j'espère encore trouver place pour d'autres études, et d'abord pour celle d'une langue vivante. Les rapports des

peuples de l'Europe entre eux leur rendent indispensable la connaissance mutuelle des langues
qui constituent en grande partie leur nationalité
distincte. C'est une des nécessités auxquelles l'instruction publique doit pourvoir. Il suffit, pour
atteindre ce but, qu'il y ait dans chaque pays un
certain nombre d'hommes en relation de langage,
les uns avec une nation, les autres avec une autre.
L'allemand, que son titre de langue mère met
presque au rang des langues anciennes, aurait la
préférence. Mais, en même temps, les autres
langues seraient distribuées entre quelques colléges,
de manière qu'il n'y en eût pas une seule qui restât
sans enseignement.

Nos élèves commenceraient cette étude à quinze
ans à peu près. Les connaissances raisonnées
qu'ils auraient alors acquises sur la grammaire,
permettraient d'employer à la fois l'analyse et la
synthèse avec un âge qui se prête à chacune de
ces deux méthodes. Les progrès seraient en raison
de l'affinité de chaque langue avec la nôtre et avec
les langues anciennes, mais, en général, beaucoup
plus rapides que dans l'étude de celles-ci. L'histoire
de la nation et les ouvrages constitutifs de sa littérature serviraient aussi de base et de moyen.

Notre système exige que, dans l'enseignement
des langues, nous exercions l'esprit sur des idées
qui méritent de fixer l'attention et de rester dans

la mémoire. L'histoire est notre principal moyen ; mais rien n'empêche d'y ajouter, dans le même but, quelques notions sur d'autres parties importantes, telles que l'histoire naturelle et les beaux-arts. Nos élèves peuvent apprendre ainsi une foule de choses. Il suffira d'y mettre un peu d'ordre. Leurs lectures seconderont encore cette espèce d'enseignement indirect.

Quand une science fondée sur les faits fournit un aliment facile à la curiosité et à l'imagination, c'est par les faits qu'il faut commencer avec les enfans. Ceux d'entre eux à qui leurs moyens, leur goût ou leur situation future en doivent faire un objet d'études spéciales, n'y seront que mieux disposés quand le moment viendra ; et les autres, c'est-à-dire le plus grand nombre, en auront du moins saisi et retenu les sommités les plus saillantes, tandis que la sécheresse des nomenclatures et la ténuité des détails de la science, ne leur auraient laissé qu'un souvenir confus et dépourvu d'intérêt.

Ce que nous conseillons ici devient impraticable dans l'enseignement des sciences exactes. Cette partie essentielle des connaissances humaines ne s'étudie que par elle-même, en elle-même et dans un ordre que rien ne dérange. On ne peut la subordonner à l'étude des langues, et encore moins l'y soudre comme l'histoire. Quelle sera donc sa place dans notre plan ?

Mon idée, sur ce point, résulte encore des observations que j'ai faites sur la nature particulière des
facultés de l'enfance et de la première jeunesse.
Mais, sans remonter si haut ni entrer à ce sujet
dans de nouveaux détails, je rappellerai seulement
combien, dans la pratique de mon système, je
m'attache à ne rien présenter aux élèves, qui ne
doive exciter en eux un sentiment d'intérêt et de
curiosité. L'enfant est porté à raisonner d'après
son cœur et son imagination, plutôt que par son
esprit tout seul. C'est pour obéir à ce penchant
de son âge, au besoin de sa nature, que je l'occupe sans cesse d'histoire et de poésie. La pensée
et les sentimens des personnages que j'expose
à ses regards se réfléchissent à chaque instant
dans son esprit et dans son cœur : si des généralités s'y joignent quelquefois, il peut encore
le plus souvent s'en faire l'application. Rien n'in-
téresse l'être humain, quelque soit son âge, autant
que l'homme lui-même ; et, ce qu'il saisit le mieux
dans l'homme, c'est son action et le sentiment qui
l'anime. Cette seule considération suffirait pour
établir une différence essentielle entre les études
dont nous nous sommes occupés jusqu'ici, et celles
qui doivent leur servir de complément, c'est-à-dire
les sciences exactes et la philosophie.

La philosophie même, sous quelques rapports,
présente encore une partie des avantages qui,

jusqu'alors, rendent notre enseignement si facile. Dans les sciences exactes, au contraire, la nature matérielle ne s'anime que par l'esprit de celui qui en considère l'ordre merveilleux et les combinaisons fondées sur les lois immuables de la raison. Mais ce puissant moyen d'intérêt peut-il exister pour l'enfant? Quelle que soit l'importance d'une proposition, d'une théorie, en admettant qu'il la comprenne, elle reste à ses yeux dans sa généralité et sans application réelle : elle ne se rattache en rien à sa vie actuelle ou future. Il n'y a d'action que sur l'esprit : le cœur et l'imagination restent en dehors. Aussi, qu'arrive-t-il le plus souvent? C'est que cette étude, sans attraits pour la majorité des élèves, est loin de produire les fruits qu'elle promet et qu'on a droit d'en attendre.

Nous jugeons trop souvent des choses d'après leur utilité intrinsèque, plutôt que par leurs résultats réels. Ainsi, personne ne conteste aux mathématiques leur importance universelle. Mais, parmi tous les hommes instruits qui s'en sont occupés dans le cours de leurs études, comme on le fait aujourd'hui, combien y en a-t-il qui, à l'âge de trente ans, en conservent autre chose que la pratique des calculs les plus ordinaires? On fait une objection du même genre contre les langues anciennes, et ce n'est pas sans raison; nous l'avons assez démontré. Cependant, de quelque manière que les études littéraires se fassent, il en reste un certain nombre d'idées usuelles, morales, historiques, une habitude de style et de langage, que sans elles on n'aurait pas acquises. Mais à quoi servent, aux neuf dixièmes, les notions de géométrie et d'algèbre qu'on a tâché de leur donner? Beaucoup d'esprits justes n'y voient qu'un exercice pour le raisonnement : ce serait, suivant eux, un moyen d'apprendre à raisonner, comme dans les classes de latin on apprend à apprendre. Mais, de même que, de l'étude des langues anciennes je veux qu'il résulte des connaissances réelles, je voudrais que l'étude des sciences exactes eût pour l'esprit des résultats positifs et durables.

Un temps arrive où l'action humaine, et les sentimens qui l'accompagnent ou qu'elle révèle, ne sont plus seuls capables de fixer l'attention des élèves. Ils peuvent alors rentrer en eux-mêmes, pour y étudier l'homme et sa nature intellectuelle et morale. On se garderait bien de leur faire commencer plus tôt la philosophie. C'est aussi l'âge où l'esprit, devenu susceptible d'aimer la vérité pour elle-même, se trouve ouvert aux sciences exactes, comme il l'était d'abord aux langues et à l'histoire. Une production trop hâtive atteint rarement la maturité. Le zèle de la science compromet la science elle-même, en s'efforçant de féconder une nature encore trop faible. Gardons-nous donc d'imposer l'étude des mathématiques à nos élèves, avant l'époque où ils doivent les comprendre et s'y plaire. On en verrait beaucoup moins succomber de faiblesse ou d'indifférence, s'ils n'entraient dans la carrière qu'après avoir acquis la force et les facultés nécessaires pour s'y soutenir et la parcourir avec succès.

Je voudrais même ajouter à l'étude des sciences exactes une partie de l'intérêt que l'histoire aura répandu sur nos études antérieures, comme on l'a fait, depuis quelques années, pour la philosophie, dont l'enseignement renouvelé par ce moyen a retrouvé la faveur qu'il semblait avoir perdue. Les noms des philosophes, la vogue et la chute de leurs systèmes, les succès, les disputes et les persécutions dont leur vie fut agitée, attachent aux vérités et aux erreurs un intérêt qui les rend plus sensibles et plus faciles à retenir. N'y aurait-il pas moyen d'animer aussi l'étude des sciences par quelques noms propres? Depuis Thalès et Pythagore jusqu'à Newton et Leibnitz, depuis Aristote jusqu'à Cuvier, ne pourrait-on pas joindre à une foule de vérités et de découvertes, les noms des hommes à qui la gloire en appartient? Ce serait une histoire de l'esprit humain considéré sous une de ses grandes faces. Il n'y en a pas où ses progrès soient plus frappans et plus faciles à marquer de siècle en siècle.

Il nous faut, pour ce genre d'études, des élèves sortis de l'enfance et disposés à y consacrer au moins deux années. On établirait des cours, où ceux qui doivent renoncer plus tôt aux travaux de l'esprit, apprendraient en peu de temps ce qui suffit aux besoins ordinaires de la société. Mais le véritable enseignement de la science serait réservé pour un âge plus digne de comprendre. La philosophie et les mathématiques marcheraient de front.

Je ne puis garantir que l'expérience et de nouvelles réflexions ne me fassent modifier quelques-unes des idées que je viens d'exprimer. En les exposant maintenant, je n'ai d'autre but que de faire mieux juger ma pensée et mes espérances; mais, avant de nous appuyer sur les résultats que je m'en promets, nous attendrons ces résultats eux-mêmes. La seule partie de mon plan que je présente avec une entière confiance, c'est celle qui s'applique aux trois premières années. Elle doit même suffire pour mener plus loin le maître qui m'aura compris.

Au reste, le sentiment qui m'a toujours servi de guide et souvent inspiré, me donne l'espoir d'être compris du plus grand nombre; car mon système entre généralement dans les vues paternelles. Je veux former des esprits solides. Quel est le père qui n'ait pas le même désir, et dont l'intention, en donnant à l'esprit de ses enfans plus de force et d'étendue, ne soit pas d'en affermir la justesse ma-

turelle ? C'est la plus sûre garantie de leur avenir.
Je veux surtout éviter aux élèves cette foule d'a-
perçus faux ou incomplets, dont on se fait une
habitude, et qui deviennent une source d'erreurs
plus funestes que l'ignorance. *La pensée d'abord,
tout pour elle et par elle* : et la pensée chez nous
n'est pas une chose vague, incertaine, un verbiage
avec lequel l'esprit s'évapore en vains sons. Dans
les premières années, ce sont toujours des faits et
des réalités. La légèreté même du jeune âge y
trouve où se fixer. L'enfant à qui nous enseignons
une langue, apprend moins à parler qu'à penser
dans cette langue. Tout entiers à la pensée, nous
paraissons à peine l'occuper des mots. La langue
sera mieux sue et les connaissances acquises plus
sûres et plus complètes, nous l'avons démontré ;
mais, en même temps, l'esprit se sera fait un besoin de la pensée et une habitude de la réflexion,
avant même que nos études supérieures aient
achevé de lui donner toute sa force et sa portée.

Je ne borne point là mes vues. La perfection
de l'ame ne se conçoit que par la réunion de la
science et de la vertu. Si, même, il fallait faire un
choix, je ne connais pas de père qui hésitât.
Qu'arrive-t-il cependant ? L'enfant, ayant dans le
cœur la conscience du bien et du mal, on n'est
que trop disposé à s'en rapporter sur ce point à la
nature. La science, au contraire, n'existe pas dans

l'esprit par elle-même : comme on n'en peut rien posséder sans l'avoir acquis, elle finit par absorber tous les soins du maître. Mais, au lieu d'abandonner la partie morale à un développement qui dépend si souvent des circonstances et de l'exemple, n'y aurait-il pas moyen de la faire entrer dans la science elle-même ? Ce serait, au moins, une de mes espérances.

Nous aurons déjà beaucoup fait en donnant à l'esprit la justesse et la solidité dont il est susceptible. Entre le bien et le mal, dont l'enfant a la conscience, il est à craindre qu'il ne soit plus souvent déterminé par ses passions que par sa raison. On ne peut donc, sous ce rapport, trop bien affermir celle-ci. Pour la saine raison, la vertu est chose naturelle et nécessaire. Avec un jugement intègre, on aurait à peine la pensée du mal, et, si elle se présentait, la faiblesse humaine n'aurait pas de meilleure sauve-garde qu'un esprit droit et un cœur exercé dès l'enfance aux nobles sentimens.

Il en est de la vertu comme de tout le reste : elle croît par la culture, et la culture, dans l'enfant, c'est l'action, c'est la pratique. Mais aurons-nous des vertus à faire pratiquer à cet âge ? Oui, sans doute : l'accomplissement du devoir et les joies d'une ame satisfaite peuvent dès-lors tourner en habitude et devenir un besoin pour la vie tout entière. Cependant, notre système nous offre encore une autre espèce de pratique, dont les résultats ne seraient pas sans importance.

Qu'est-ce que l'histoire, dont nous occupons sans cesse les premières années de notre élève? C'est l'action humaine aux sommités de l'ordre social, avec les jugemens que les âges suivans en ont portés. L'histoire, c'est la justice du passé. La simple exposition des faits suffit presque pour faire sentir et comprendre à l'enfant le vrai et le faux, le bien et le mal, la gloire et la honte, dont les personnages historiques sont l'expression vivante. L'histoire sainte surtout, avec ses merveilles et sa naïveté si bien adaptées à l'esprit du jeune âge, est le meilleur cours de morale pratique que nous puissions lui faire. L'histoire ancienne elle-même, où les actions s'apprécient plutôt par le sentiment que par l'intérêt, par le beau que par l'utile, devient une mine inépuisable d'observations qu'on peut suggérer à l'enfant; et, le plus souvent, sa conscience suppléerait même au silence du maître. Croit-on qu'un tel exercice du sentiment moral ne doive pas laisser dans le cœur et l'esprit des empreintes plus vives et plus durables que des généralités presque toujours vagues et sans consistance?

L'idée et l'action de la divinité domine partout dans l'histoire sainte, dont elle est l'ame. On la retrouve à chaque pas dans l'histoire ancienne, où les traditions primitives ont tant d'influence sur les peuples : la terre y apparaît couverte de temples. Nous nous en ferons une occasion, un moyen tout naturel, de cultiver le sentiment religieux. Car, à la saine raison, dont nous avons tout à l'heure formé la base de la vertu, il nous reste à joindre la religion, pour rendre cette base inébranlable. On n'en peut trop tôt, trop souvent, trop profondément pénétrer l'ame de l'enfant. S'il est vrai que les œuvres les plus hautes dans la poésie et les arts, soient celles où respire, pour ainsi dire, Dieu lui-même, y a-t-il une autre pensée qui puisse mieux ennoblir notre enseignement et agrandir l'ame de notre élève ? Ce sera pour lui la sanction de tout bien, de toute gloire : c'est là qu'il rapportera tout l'homme. De tous les sentimens dont il est susceptible, il n'y en a pas qui soit plus naturel et plus facile : c'est en même temps le plus élevé. Mais, pour le mettre en action dans son cœur et son imagination, le passé nous offrira bien plus de secours que le présent.

Mon but, comme on le voit, est de former l'homme entier. L'enseignement actuel sépare l'instruction de l'éducation, la science de la vertu. Mon système tend à les réunir ; et, ce qui me fait croire que je suis dans le vrai, c'est que ma pensée s'applique en même temps et de la même manière à l'une et à l'autre. D'un côté, l'expression habituelle des idées les plus claires et les plus faciles à saisir, de l'autre le spectacle répété de l'action humaine, avec les impressions et les jugemens qui en résultent, deviennent à la fois, pour l'esprit et pour le cœur, le moyen de développement le plus naturel à cet âge : c'est l'analyse avec toutes ses facilités. La synthèse vient ensuite : si, dans l'étude des langues, elle rassemble et met en ordre ce que l'enfant avait acquis jusqu'alors, c'est elle aussi qui, en ajoutant la science à la conscience, achève de mieux faire apprécier à l'ame le vrai bien et le vrai beau, le bien et le beau moral, où tout, sur la terre et au-delà, doit se résoudre pour l'homme.

Il n'y a de système d'enseignement complet que celui qui permet d'atteindre ce double but. A cet avantage, le nôtre joindrait celui d'embrasser la généralité des esprits. Nous n'avons pas la prétention de former des hommes supérieurs ou de multiplier le génie. Le génie est une exception : il ne se donne ni ne s'acquiert. Quand il se présentera, notre méthode, loin de lui faire obstacle, ne fera que hâter et assurer sa marche. Mais ceux que nous avons en vue, ce sont les esprits ordinaires, c'est-à-dire le plus grand nombre. Il y a parmi ceux-ci différens degrés : nous ne promettons pas de faire pour chacun plus que la nature ne permet; mais, ce qu'elle permet, nous espérons le faire. Enfin, donner à l'esprit une lumière réelle, à la conscience un sentiment net et prononcé, former des hommes au niveau de leur époque ou de leur position sociale, et affermir en eux le désir et la volonté du bien : voilà ma pensée. Puissé-je, du moins, l'accomplir à l'égard de mes enfans ! Je ne me flatte point d'un résultat qui surpasse les vœux ordinaires ; mais, quel qu'il soit, je n'aurai rien abandonné au hasard, et je pourrai du moins me rendre le témoignage d'avoir rempli le devoir paternel dans toute sa plénitude.

Je vais continuer mon œuvre : ma vie y est dévouée. Cet engagement sacré, je l'ai pris devant un lit de mort, aux pieds de la mère de mes enfans ! On a vu comme elle me secondait, et les secours que je trouvais en elle. Elle s'y livrait avec un entraînement que j'aurais dû modérer. Je crains bien que son ardeur et ses travaux de chaque jour n'aient hâté les progrès du mal qui nous l'a ravie. Dans ses dernières semaines, elle s'émut quelquefois de l'avenir qu'elle prévoyait. Mais, à mesure qu'elle sentait son corps s'affaiblir et le moment approcher, son ame semblait retrouver toute sa force. La religion seule produit de telles merveilles. Quel calme ! Quelle résignation ! Pendant que nous pleurions tous, avec quelle netteté elle entrait dans les détails de ses dernières volontés ! C'est alors qu'elle a pourvu elle-même à notre avenir : elle a redonné une mère à mes enfans.

Quand nous fûmes un peu remis du coup affreux qui avait interrompu nos exercices, nous les avons repris, et maintenant je les continue avec l'aide de ma belle-sœur. Je suis encore secondé. Si j'avais eu à choisir une institutrice, je n'aurais pu trouver mieux : son instruction m'est d'un grand secours. Mais j'avais surtout besoin d'elle pour la partie religieuse et morale, qui ne fructifie que par le sentiment; et le sentiment, coulant d'un cœur de mère, s'insinue bien mieux dans le cœur des enfans !

FIN.

TABLE.

ROUEN, IMP. DE NICÉTAS PERIAUX

Rue de la Vicomté, 55.